음식 경제사

음식 경제사

음식이 만든 인류의 역사

권은중 지음

인물과
사상사

제 몸을 살라
인간에게 열량을 제공하는
모든 생명체에
감사하며

"수학이 경제학을 경직시켰지만
역사는 수학에 의한 경제학의 사후경직을 막았다."

• 레이 캔터베리Ray Canterbery

인류의 모든 것은 요리 안에 있다

음식에 관심을 갖고 요리를 하며 지낸 지가 14년째다. 10여 년은 그리 긴 시간은 아니지만 '10년 지기' 요리는 놀라운 세계였다. 요리는 과학이고 철학이고 역사며 문학이었다. 요리에는 모든 게 있었다. 힘껏 뛰어도 도달할 수 없는 언덕 저편의 무지개처럼 나를 설레게 했다.

2014년 이런 경험을 바탕으로 한 생각을 모아서 『요리 인류사』라는 책을 냈다. 애초 요리에 빠진 중년 남성의 좌충우돌 지식 편력을 나와 비슷한 연배에게 들려주려고 했지만 선뜻 관심을 갖는 출판사를 찾지 못했다. 그러다 청소년책 전문 출판사인 철수와영희의 제안으로 청소년 대상으로 책을 출간할 수 있었다.

『요리 인류사』는 또 다른 기회로 이어졌다. 이 책에 관심을 가졌던 인물과사상사 강준우 대표는 2015년 한겨레신문사 앞으로 직접 나를 찾아왔다. 강준우 대표는 음식의 경제사적 측면에 대한 글을 제안했다. 당시 나는 한국은행·기획재정부 등을 출입하고 있었고 거시 경제에 대한 궁금증이 있었다.

경제의 핵심이라고 하는 시장은 생각보다 역동적이었지만 정부의 규제 역시 만만치 않았다. "관은 치治하기 위해 존재한다"라는 말을 공무원이 할 정도였다. 그러나 경제주체의 갈등과 협력은 어느 한 편만 들 수 없는 미묘한 문제다. 정부와 시장 모두 불완전성이 있기 때문이다. 결국은 견제와 균형이다. 그래서 복잡한 경제 이론보다 철학과 역사가 중요하다고 생각했다.

특히 경험이 많은 경제 관료들과의 만남은 나의 이런 생각을 뒷받침해주었다. 그들이 들려주는 우리나라 경제 정책은 정치와 떼려야 뗄 수가 없었다. 경제는 정치였고 정치는 경제였다. 이는 우리나라만의 특수한 상황이 아니었다. 어느 시대나 경기 침체와 물가 불안, 고용과 토지 문제가 있었다. 이에 대한 해법은 경제 논리보다는 시대를 반영한 복합적 처방이 주였다. 고대 로마의 토지 집중이나 16세기 스페인과 오스만제국의 통화 팽창은 단순한 경제 문제만은 아니었다.

이런 고민을 하던 중에 경제사를 음식의 관점에서 풀어보라는 제안은 참으로 솔깃했다. 창의적인 접근법이라고 생각했다. 지금까지 음식을 주제로 한 역사책은 대부분 음식을 역사적 사건의 양념 정도로만 소개하고 있었다. 음식이 인류의 경제와 역사에 어떤 영향을 미쳤는지에 대한 거시적이고 통시적인 접근은 드물었다. 그리고 내가 음식을 만들기 시작하면서 느꼈던 지적 희열을 좀더 체계화해보고도 싶었다.

칼로리, 문명을 만들다

음식은 의약품을 제외한 인간이 먹는 모든 것을 총칭할 정도로 폭넓은 범주다. 물과 음식이 없으면 인간은 살아갈 수 없다. 어떤 욕망도 식욕보다 앞서지 않는다. 문명도 권력도 끼니 다음의 일이다. 그래서 인간의 역사는 음식의 역사다. 모든 문명은 칼로리 위에 세워졌다. 예외는 없다.

음식은 지금도 그렇듯이 수요만큼 공급이 충분하지 않은 '경제재'다. 이는 태양에너지를 포도당으로 바꾸는 식물의 분포 즉, 식생의 차이 탓이다. 인간은 이 격차를 극복하려고 자신이 뿌리내린 지역에서 뼈를 깎는 노력을 해야 했다. 고대 그리스인들이 거친 바다로 나가고, 비슷한 시기에 이슬람 제국 사람들이 낙타를 타고 뜨거운 사막을 건너고, 몽골인들이 안장 위에서 육포를 먹으며 쉬지 않고 초원 위로 말을 달렸던 까닭은 물 한 방울의 증발을 막으려고 모든 잎을 가시로 만든 사막의 선인장과 비슷한 숙명 탓이다. 음식은 인간의 의지를 벼려 '시대정신'이라는 칼날을 세우게 했다. 어떤 음식을 먹느냐는 해당 지역 사람들의 경제적 부는 물론이고 독특한 세계관과 행동양식을 형성했는데 이것이 역사를 움직이는 핵심적인 추동력이었다.

이 책은 음식으로 벼려진 칼날의 생성 과정과 작동 원리를 설명한다. 결론을 말한다면 음식은 단순한 먹거리에 그치지 않고 그 지역 사람들의 운명을 결정했다. 어떤 지역에서 음식은 별별 기능이 있는 스위스 군용 칼처럼 요긴한 역할을 했지만 다른 지역에서는 그저 자기 발등이나 찍는 자해용 도구쯤으로 작동했다.

그래서 나는 서양인들의 칼로리 공급원인 밀에 집중했다. '학문의 여왕'으로 불리는 경제학이 250년 전 영국에서 태어났기 때문만은 아니다. 많은 경제사학자가 자본주의의 시발점을 15세기 유럽이 시작한 대항해시대로 꼽기 때문만도 아니다.

내가 이 책을 쓰게 된 최초의 계기는 내가 요리를 하면서 문득 떠오른 '밀을 먹는 나라의 역사는 쌀과 옥수수를 먹는 나라의 역사와 왜 달랐을까?'라는 단순한 의문에서였다. 또 같은 밀을 먹는 아랍과 유럽의 역사가 다른 이유도 궁금했다. 서양인과 아랍인은 같은 경전인 『성경』을 읽던 '계시 받은 사람들 people of The Book'이었으며 그리스 문명에 뿌리를 두고 있었다. 13세기까지 그리스 문명의 적자는 아랍 세계였다.

밀을 먹던 유럽은 고대 그리스 때부터 사회적 실험에 관대했다. 그들의 농업생산력이 미약했기 때문이었다. 그리스는 사회적 실험을 하지 않으면 유지될 수가 없었다. 왕이나 귀족도 그 실험을 묵인하거나 방관했다. 그들이 현명해서가 아니라 권력이 그만큼 약했기 때문이었다. 이런 사회적 실험이 쌓여가면서 사회·경제 체계는 조금씩 개선되었다. 또 피지배층은 시민을 자처하며 개선된 사항을 제도화해 역사의 수레바퀴를 거꾸로 돌아가지 못하게 했다. 노예에서 농노로, 농노에서 노동자로 신분이 바뀌는 동안에도 민중의 목표는 한결같았다. 참정권과 사유재산권이었다.

유럽의 사회적 실험 가운데 가장 특별한 것은 15세기 포르투갈 사람들이 후추를 찾아 바다로 나갔던 것이다. 이 시기 유럽인은 아메리카 대륙으로 건너가 선주민을 학살하거나 천연두·홍역 따위를 감염시켜 95퍼센트를 죽였다. 필요한 노동력은 아프리카 주민을 사냥해 노예로 삼았다. 자본주의의 시작은 이처럼 폭력적이었지만 토지도 인구도 보잘것없던 유럽이 전통적인 경제 대국이었던 중국·인도·이슬람을 따라잡을 기회를 주었다.

반면 쌀을 먹던 지역에서는 중세 말 권력의 해체기 때마다 오히려 중앙 권력을 강화하는 방식으로 20세기까지 농노제를 끌고 갔다. 이슬람 지역 역시 14세기 이후 성전을 강조한 오스만제국이 들어서면서 쇠락의 기미를 보였다. 이슬람에서는 비주류였던 중앙아시아 투르크족이 주축이었던 오스만제국은 기존의 칼리프조와 달리 과학기술적 혁신과 문예적 부흥에 큰 관심을 두지 않았다.

그러다 16세기 유럽과의 전쟁에서 연전연패하고 스페인이 대량 유입한 은화 때문에 물가가 폭등하는 등 경제 위기가 겹치면서 유럽 열강의 내정간섭을 받는 신세로 전락했다. 동유럽 역시 20세기까지 농노제를 유지했다. 러시아에서는 노동자들이 혁명을 일으켰을 때 중세 농노와 비슷한 처지던 농민들은 오히려 민중의 압제자로 군림해온 차르를 위해 봉기하기도 했다.

음식, 역사에 말을 걸다

모든 문명이 칼로리 위에 성립되었지만 하위 범주인 국가나 지역의 경제적·사회적 발전 여부는 칼로리의 총량과 크게 관련이 없었다. 칼로리보다 중요한 것은 시민계급을 후원할 정치·경제·사회 시스템을 갖추었는지였다. "왕을 참칭하는 자를 죽이는 것은 시민의 의무"라고 외쳤던 그리스의 전통과, 왕은 자신의 아래에 놓은 반면 제자를 자신의 친구라고 칭했던 예수의 평등사상은 유럽에서 이런 시스템의 등장을 더욱 촉진시켰다. 반면 왕이나 권력자를 하늘의 북극성과 같은 절대적 존재로 강조하던 곳은 쇠락의 길을 걸었다.

유럽에 자유의 바람을 불어넣어준 그리스의 전통과 그리스도교의 발흥은 모두 음식과 연관이 있다. 그리스는 척박한 석회암 토양이어서 보리죽을 먹어야 했다. 밀로 만든 흰 빵을 먹으려면 바다로 나가야 했다. 바다로 나간 그리스인은 지중해에 식민도시를 개척해 밀로 된 빵을 먹을 수 있었다. 5세기 서로마제국을 멸망시킨 게르만족은 바람의 신 오딘의 가르침대로 땅을 경작하는 것을 금기시했다. 그들은 정복지 주민을 노예로 부리기보다 학살하는 편을 택했다.

학살과 배고픔의 공포에 떨던 중세 유럽의 민중을 보듬었던 것은 예수처럼 고행을 자처하던 수도사들이었다. 라틴어와 그리스어를 알던 수도사들은 로마 시대 이후 사라진 물레방아를 다시 돌리고 쟁기를 만들어 대지를 비옥하게 했다. 그리고 수도원의 남는 곡식으로 맥주를 만들어 판매했다. 가난하고 병든

자를 돌보고 거기에 맛있는 맥주까지 공급한 교회는 민회가 열렸던 고대 그리스·로마의 광장을 대신하기 충분했다.

시민계급을 키울 수 있는 경제·사회 시스템을 갖추었던 국가는 확실한 두각을 나타냈다. 역사의 아버지로 불리는 헤로도토스Herodotos는 "아테네는 독재하에 있을 때 전투력 면에서는 어떤 나라도 능가하지 못했지만 일단 독재자에게서 해방된 뒤부터는 다른 모든 나라를 누르고 최강국으로 발돋움했다"고 말했다. 시스템으로서 민주주의의 힘은 고대 그리스 때부터 증명된 셈이다. 종교적 아집으로 가득했던 스페인에서 독립한 종교 자유국 네덜란드와, 의회파가 내전에 승리해 왕을 참수했던 영국은 그리스의 전통이 가진 힘을 재확인해주었다. 미국은 이런 전통을 세계 최초로 헌법에 명시했던 나라였다.

나는 이 책을 1만 년 전인 쌀·밀·옥수수의 재배로 시작했다. 먹는 곡식이 다르면 전혀 다른 경제사와 사회사가 펼쳐졌다는 것을 강조하기 위해서다. 경제사의 시작점은 대항해시대나 산업혁명이 아니라 농업을 시작했던 신석기시대나 잉여생산물로 도시와 국가를 형성했던 고대국가 등으로 더 거슬러 올라가야 한다. 그래야 종교적 윤리나 문명의 충돌 등의 이분법적 접근법에서 벗어나 국가나 지역별로 경제 발전 과정이 달랐던 본질적인 이유를 찾을 수 있다.

하지만 나는 이들 곡식을 소개한 다음부터 보리·멸치·청어·맥주·후추·소고기 등의 음식으로 유럽과 미국의 경제사를 풀어갔다. 칼로리 열등 지역이었던 서양이 왜 칼로리가 넉넉했던 동양이나 아메리카보다 몇 세기나 앞서 사회·경제체제를 변화시켰는지를 보여주고 싶었기 때문이다. 원론적인 과정을 부각시켰던 것은 의도가 있었다. 사람들이 역사에 "왜?"라는 질문을 던지게 하고 싶었다.

대부분 사람은 역사를 무겁고 지루하다고 생각한다. 통계와 경제 이론으로 풀어가는 경제사는 지루함의 정도가 좀더 심할 것이다. 그러나 역사는 증명이 아니라 해석이라는 말이 있다. 역사학자 에드워드 H. 카Edward H. Carr는 역사를 "과거와 현재의 대화"라고 표현했다. 그러나 역사에 대한 자신만의 해석은 고사하고 역사와 대화가 가능하다고 생각하는 사람은 드물다. 경제사와의 대화는 더 어렵다. 이 책은 우리가 늘 먹는 친근한 음식으로 역사와 경제사에 좀더 손쉽게 접근하려 했다. 음식이 생산력과 생산양식에 영향을 미치고 이 하부구조가 상부구조에 어떤 영향을 끼쳤는지를 설명하고 싶었다.

음식이 만든 역사를 안다면 왕과 영웅이 아니라 평범한 민중이 역사의 주역이라는 점을 어렵지 않게 수긍할 수 있다. 왕과 영웅을 위한 산해진미가 아니라 밥 한 그릇과 빵 한 조각이 역사를 움직이기 때문이다. 개인의 일상과 개인의 끼니는 역사의 성채를 쌓는 벽돌 한 장 한 장이며 그 벽돌은 왕이건 농민이건 노동자건 평등하다. 그래서 전쟁이나 혁명 등 불꽃같은 사건보다 노동자와 농민이 일과 후 집으로 돌아와 검은 얼굴에 흰 이를 드러내며 먹는 소박한 저녁상이 역사라는 밤하늘을 반짝이게 만든다. 나는 음식의 역사로 우리가 무심하게 먹는 삼시 세끼가 내 개인사뿐 아니라 인류사의 한 페이지가 되는 소중한 순간이라는 것을 말하고 싶었다. 이것이 요리를 하던 사람이 이 책을 쓴 계기이기도 하다.

원고가 모여 책으로 나오기까지 4년 동안 2번의 연재 중단과 3번이나 원고 마감 기한을 지키지 못한 나의 불성실을 묵묵히 참아준 인물과사상사의 박효주 씨에게 미안함을 갈음해 감사의 인사를 전한다. 또 서점을 운영해 책과 떼려야 뗄 수 없는 유년을 선물해주셨던 부모님 권희균·김금자 두 분과 범사에 기뻐하는 지혜를 늘 일깨워주는 아내 박세나에게 이 책을 바치고 싶다.

2019년 9월

권은중

차례

음식은 어떻게
역사를 움직였나

"식물은 흙과 물과 돌과 바람과 빛으로 스스로를
만들고, 나아가 흙을 모든 동물이 생명을 의존하는
음식으로 변형시킨다. 식물은 이후 자신을 보호하
고 친구를 꾀기 위해서 색깔과 맛과 향을 가졌다.
우리가 채소와 과일과 곡식과 향신료를 먹는 것은
바로 우리 존재를 가능케 만든 음식, 우리 인생 앞
에 감각과 쾌락의 만화경 세상을 열어젖힌 그 음식
들을 먹는 것이다."

• 해럴드 맥기 Harold McGee

이게 다 요리 때문이다

내 인생은 요리하기 전과 후로 나뉜다. 요리로 직업이나 생활 터전 같은 삶의 틀이 아니라 삶을 바라보는 관점이 바뀌었다. 먼저, 인식의 지평이 넓어졌다. 어머니의 지혜는 거저 얻어진 것이 아니었다. 지구 상에서 농업을 최초로 시작한 것은 인간이 아니라 개미였듯이, 인류 역사 최초의 농업인은 사냥꾼에서 농부로 돌아선 남성이 아니라 꼼꼼하고 정보 공유에 능한 여성이었다. 최초로 농사를 지은 여성처럼 나도 음식을 하면서 호기심이 꼬리를 물었다.

'왜 맛이 없지', '이 맛은 도대체 어디에서 온 걸까?', '이걸 볶지 말고 삶으면 안 되나.' 그때 나는 방자한 30대였고 뭐든 성과를 내놓아야 한다는 성과주의에 사로잡혀 있었다. 하루에 승부를 내야 하는 일간지 기자라는 직업도 한몫했다.

게다가 이런 질문에 답을 줄 스승이 없었다. 경상도 태생인 어머니는 아들이 요리하는 것이 자기 잘못이라는 죄책감을 느끼고 있었다. 당연히 요리 방법을 알려주지 않았다. 어머니는 음식 관련 질문에 "그걸 왜 니가 하노"로 일관성 있게 답하셨다. 그냥 내가 해주는 것을 먹으라는 뜻이었다.

덕분에 좌충우돌이었다. 손에 잡히는 대로 재료를 넣었고 요리의 성공률은 낮았다. 그런데도 재미있었다. 이렇게 손쉽게 실패할 수 있다니. 그래서 엉망진창인데도 포기하지 않았다. 다행히 인터넷과 책에 원하는 정보들이 있었고 수많은 프로 요리사와 아마추어 요리사 가운데 직관이 빛나는 고수들을 만날 수 있었다. 덕분에 몇 년 후 요리 실력이 꽤 늘었고 집에 손님을 초대하기 시작했다. 고단했던 삶이 조금씩 달콤해졌다.

요리의 달콤함에 취해 휴일 오전에는 요리를 하고 오후에는 도서관에 가는 습관을 지니게 되었다. 그 짓을 10년쯤 하다 보니 기적적으로 내 이름이 박힌 책을 내게 되었다. 글을 쓰는 직업 탓이라고 핑계를 댔지만 실제로는 내가 좋아서 마셔대던 술 때문에 50세가 넘으면 지하도를 전전하는 노숙자가 되는 것 아니냐는 불안감에 떨던 내 삶이 180도로 바뀐 것이다. 다 요리 덕분이다.

나를 바꾼 요리

요리는 내 몸보다는 뇌의 분자구조를 집중적으로 바꾸었다. 내가 잘나서가 아니라 내 한 끼를 위해 자신을 바친 생명들 덕분이다. 푸성귀 한 다발과 생선 한 마리가 알려주는 지혜는 교과서 따위에서는 배울 수 없는 새로운 것이었다. 지금은 유행처럼 되어버린 빅 히스토리big history를 몇 년 전에 어렴풋이 알게 해주었다. 빅 히스토리는 역사, 우주, 생물 등 구획된 기존의 틀에서 벗어나 세상의 모든 것이 어디서 왔으며 인간은 어디에 있는지, 그리고 그 모든 것이 어떻게 될지 설명하는 학문이다.

요리를 시작하면서 나는 생각을 촘촘하게 직조하게 되었다. 고등학교 졸업 후 처음으로 "수헬리베붕탄……"이라며 주기율표를 더듬었고 아데신, 시토신, 구아닌, 티민으로 이루어진 DNA 염기 서열을 다시 공부했다. 양성자가 서울 잠실운동장 크기라면 전자는 경기도 수원쯤에 있는 극미의 원자 세계와 137억 년 역사와 반지름이 480억 광년이라는 우주로 호기심이 뻗쳤다.

아둔한 나에게 생선과 푸성귀가 알려준 생명의 진실은 놀라웠다(편의상 광어와 시금치라고 하자. 내가 가장 좋아하는 녀석들이다). 그들은 나와 같은 과거를 공유하는 형제이자 같은 미래를 향해 달려가는 동지였다. 심지어 죽었는데도 말이다. 광어를

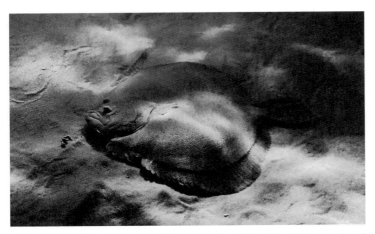

사람의 몸을 구성하는 성분과 물고기의 몸을 구성하는 성분은 같다. 사람과 물고기는 같은 생명체에서 진화했기 때문이다.

다듬고 시금치를 데치던 어느 날, 갑작스럽게 깨우친 화두에 "유레카"라고 외치고 싶었다. 프라이팬을 들고 주방과 마루를 왔다 갔다 했다.

　내 팔과 광어의 지느러미는 비교해부상 똑같은 구조이며, 광어와 내 눈에는 빛을 감지하는 단백질인 로돕신rhodopsin이 동일하게 들어 있다. 광어와 내가 같은 생명체에서 진화했다는 증거다. 5억 4,000만 년 전쯤 지구 상에 처음으로 눈 달린 생물인 삼엽충이 나왔고, 그 삼엽충이 진화하면서 어류가 되었고 약 4억 년 전 데본기 때 익티오스테가라는 양서류가 바다에서 육상으로 올라왔다. 사실상 광어와 나는 4억여 년만 거슬러 올라가면 조상이 같다. 우럭, 도미, 가자미 다 마찬가지다.

인간과 같은 조상을 둔 '형제' 물고기는 인류의 생존에 큰 도움을 주었다. 인간에게 소나 말의 고기는 늘 먹을 수 있는 것이 아니었다. 반면 물고기는 일부를 제외하고는 온순했고 잡기도 쉬웠다. 소금을 치면 오래 보존할 수 있었고 맛도 좋아졌다.

이집트에서는 염장한 물고기가 월급으로 지급되기도 했다. 『성경』에 물고기 2마리와 떡 5개로 군중을 먹였다는 오병이어 기적은 괜히 나온 일화가 아니다. 이미 물고기는 종교적 의미까지 얻게 된 것이다.

광어와 시금치는 내 형제

식물의 빅 히스토리는 더 위대하다. 시금치나 냉이 같은 푸성귀의 초록색은 위대한 광합성의 증거다. 식물은 35억 년 전 햇빛을 이용해 포집한 이산화탄소를 분해해 포도당을 만들었다. 식물이 합성한 포도당은 지구 모든 생명체가 이용하는 에너지의 근원이다. 우주에 가장 흔한 원소인 수소가 융합하며 내뿜는 에너지를 지구의 식물은 똑똑하게 이용했다. 우주에 물과 생명체가 있을 가능성은 꾸준히 거론되지만, 지구 외 행성에서 식물의 존재는 발견되지 않았다. 식물의 광합성에 대한 저작권은 아직까지 지구가 갖고 있다.

식물은 고통스럽고 끔찍한 자외선에 맞선 모험가였다. 초기 세포 대부분이 자외선을 피해 바다 밑에 숨었을 때 식물은 거꾸로 자외선을 이용해 이산화탄소를 탄소와 산소로 분리해 영양분을 만들었다. 이 위대한 화학자가 만들어낸 영양분은 다른 생물의 먹이가 되었다. 목숨을 건 도전에 성공한 식물은 자신을 희생하고 모두를 살리는 성자의 모습과 닮았다. 도대체 어떤 '계시'가 있었기에 날카로운 햇빛을 정면으로 마주할 수 있었을까? 게다가 그들의 희생은 핏빛이 아니라 화려하고 풍요롭기까지 하다. '요리의 과학자'로 불리는 미국 식품연구가 해럴드 맥기는 식물의 위대함을 이렇게 찬양했다.

> 식물은 흙과 물과 돌과 바람과 빛으로 스스로를 만들고, 나아가 흙을 모든 동물이 생명을 의존하는 음식으로 변형시킨다. 식물은 이후 자신을 보호하고 친구를 꾀기 위해서 색깔과 맛과 향을 가졌다. 우리가 채소와 과일과 곡식과 향신료를 먹는 것은 바로 우리 존재를 가능케 만든 음식, 우리 인생 앞에 감각과 쾌락의 만화경 세상을 열어젖힌 그 음식들을 먹는 것이다.

요리 재료가 가진 수십억 년의 빅 히스토리는 여기서 끝나지 않는다. 이들과 나는 모두 함께 우주에서 왔다. 46억 년 전 지금의 태양계 주변에서 거대 초신성이 중력을 이기지 못해 폭발했다. 이 초신성의 먼지는 현재 태양계 주변의 중력을 바꾸었고 먼지가 뭉쳐 태양이 만들어졌다. 태양의 중력은 주변의 입자들을 모았고 수성부터 화성까지는 금속이, 목성부터는 가스가 뭉쳐져 행성이 되었다. 그 행성 가운데 하나가 지구다.

40억 년 전 지구는 뜨거웠고 대기는 불난 건물의 공기처럼 매캐했다. 대기의 메탄과 암모니아가 결합해 코아세르베이트 coacervate라는 단백질 분자가 되었다. 그 단백질은 150도의 뜨거운 원시 바다에서 생명이 되었다. 1923년 구소련의 알렉산드르 오파린Aleksandr Oparin이 내놓은 가설은 미국 시카고대학의 스탠리 밀러Stanley L. Miller의 실험으로 입증되었다. '지구의 모든 생명은 우주의 먼지에서 시작되어 바다에서 태어났다.'

같은 시원始原을 가졌지만, 인간인 나는 이들을 먹어서 내 몸을 만든다. 이들을 섭취해서 생명의 기본 원소인 탄소를 얻고, 내 몸속 탄소는 다시 자연으로 돌아간다. 내 몸을 이루는 세포들은 짧게는 며칠에서 길게는 10년이면 모두 바뀐다. 그 순환의 밑천은 지금 내가 먹고 있는 음식이다.

요리를 하면 할수록 모든 생명이 연관되어 있다는 불교의 연기설에 귀를 기울이게 되었다. 윤회에 대한 생각도 '100퍼센트 불가능하다'에서 약간은 바뀌었다. 내가 음식을 먹어서 섭취한 탄소 원소는 수백 년 전 이순신 장군이나 세종대왕의 몸을 이루었던 탄소 원소일 수도 있다. 탄소 원자는 계속 돌고 도는 재활

용이기 때문이다.

원자 자체는 스스로를 복제하거나 대사하는 생명체가 아닌데다, 혼魂처럼 가시광선을 반사하지 않는 물질은 아직 증명된 바가 없으므로 윤회설은 아직 비과학적인 가설이다. 그러나 탄소 원자의 재사용이라는 맥락에서 보면 윤회는 완전히 틀린 말도 아니다.

음식, 역사를 움직이다

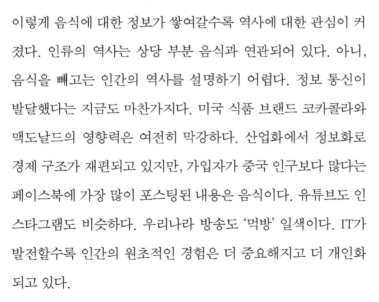

이렇게 음식에 대한 정보가 쌓여갈수록 역사에 대한 관심이 커졌다. 인류의 역사는 상당 부분 음식과 연관되어 있다. 아니, 음식을 빼고는 인간의 역사를 설명하기 어렵다. 정보 통신이 발달했다는 지금도 마찬가지다. 미국 식품 브랜드 코카콜라와 맥도날드의 영향력은 여전히 막강하다. 산업화에서 정보화로 경제 구조가 재편되고 있지만, 가입자가 중국 인구보다 많다는 페이스북에 가장 많이 포스팅된 내용은 음식이다. 유튜브도 인스타그램도 비슷하다. 우리나라 방송도 '먹방' 일색이다. IT가 발전할수록 인간의 원초적인 경험은 더 중요해지고 더 개인화되고 있다.

왜 음식이 인간의 역사를 움직였을까? 그것은 인간의 생명을 유지하는 데 필요한 곡식과 고기 같은 음식이 인간이 소비할 만큼 충분하지 않은 재화였기 때문이다. 한마디로 경제적 이유였다.

인류는 언제나 배가 고팠다. 과학과 인권 의식이 발달했다는 지금도 사정은 마찬가지다. 2005년 기준, 인류의 7분의 1에 이르는 8억 5,000만 명이 굶주리고 있으며 10세 미만 어린이가 5초에 1명씩 굶어 죽고 있다. 인류가 영장류로 분류되기 시작한 700만 년 전이나 나무 위에서 내려와 생활하기 시작한 350만 년 전이나, 산업혁명 이후인 지금까지 인류는 늘 배가 고프다.

인류가 배가 고픈 것은 분배 탓도 있지만, 일차적으로 식생 탓이다. 태양에서 8분 만에 지구에 도달하는 빛은 공평하지 않다. 적도와 극지에 내리쬐는 햇빛의 양은 다르고, 당연히 각 지역에서 자라는 식물도 다르다. 매콤하고 시큼한 후추는 인도에서는 누가 키우지 않아도 자라지만, 유럽 농부는 정말 열심히 밭을 갈아도 키워낼 수 없었다. 인도가 근대까지 세계경제에서 중요한 위치를 차지할 수 있었던 것은 풍부한 식생에서 오는 향신료와 염색 기술 덕분이었다.

태양에너지의 편차는 강수량 차이를 만들었다. 적도 부근 태평양과 인도양의 뜨거운 바다에서는 엄청난 양의 습기가 발생하고 이 습기 때문에 몬순기후가 생겼다. 인도와 중국과 동남아시아인들은 때가 되면 닥쳐오는 풍부한 강수량을 이용해

태양에너지는 공평하지 않고, 이 편차는 식생의 차이를 만들어냈다. 적도 부근에 집중된 태양에너지는 열대저기압과 습한 기후를 만들어냈고, 인도·중국·동남아시아에서는 이를 이용해 벼를 키웠다.

벼를 키웠다. 벼를 물속에서 키우면 잡초가 생기지 않는다는 것을 알게 된 이들은 이앙법을 개발했고 생산량은 비약적으로 증가했다. 중국 남부의 쌀 생산량은 청동기시대 북방 민족에 견주어 출발이 늦었던 중국을 동아시아의 패권 국가를 넘어 세계의 패권 국가로 성장시키는 동력이 되었다. 하지만 이런 생산력은 중국의 절대왕권을 탄생시켰고 분서갱유로 대표되는 비효율적인 정치 시스템은 청나라가 망한 1912년까지 지속되었다.

고전 경제학의 아버지로 불리는 영국의 애덤 스미스Adam Smith는 중국을 한심하게 보았다. "중국은 오랫동안 정체되어 있던 것 같다. 그들이 법률과 제도적 본질에 어울리는 부를 갖춘 것은 아마 오래전이었을 것이다. 하지만 중국의 법률과 제

음식은 어떻게 역사를 움직였나

도 때문에 이러한 부는 가능한 수준에 훨씬 미치지 못했다.”

밀밭에서 길 잃은 서양, 바다로 나서다

반면 유럽은 지중해를 끼고 있어서 해운으로 국가 간 교류를 해왔다. 기후와 토양을 가리는 밀의 속성 때문에 유럽의 먹거리는 동양처럼 풍족하지 않았다. 특히 단단한 밀의 씨앗을 고운 가루로 만들기까지는 상당한 기술 발전이 필요했다. 완벽한 제분은 시계 공업이 발달한 스위스인이 증기기관을 이용하기 시작한 1800년대에나 가능했다.

동양의 곡창지대에 견주어 한참 북쪽에 있는 유럽은 편서풍의 영향으로 연중 비가 내리는 서안해양성기후를 보인다. 이런 기후에서는 풀이 잘 자라므로 유럽은 목축으로 곡식 부족을 충당했다. 그러나 밀은 단위면적당 생산력이 쌀에 견주어 낮기에 강력한 왕권 국가를 설립하기 어려웠으며 백성들의 국가 개념도 약했다. 영국과 프랑스가 벌인 백년전쟁은 프랑스에 있는 영국 귀족의 땅 때문에 시작된 것인데, 프랑스 백성은 누가 자기가 사는 땅을 다스리는지에 관심이 없었다. 대부분 농노였기 때문이다. 국가란 유럽이 신대륙을 발견한 뒤 약탈과 학살로 이룬 자본축적을 통해 산업혁명이 시작되면서부터 생겨난 개념이다.

그전까지 유럽은 가난했기 때문에 이집트의 파라오나 중국 진시황 같은 절대군주가 드물었다. 덕분에 고대부터 직접민주주의와 대의 민주주의를 모두 실험하는 행운을 누렸다. 여자와 노예를 배제했다는 흠이 있지만, 이 제도는 지금 보아도 놀라운 것이었다. 그리스의 도시국가는 직접민주주의를, 로마는 평민으로 구성된 의회를 만들었다. 지중해의 패권을 차지하려면 적은 생산력을 최대한 활용해야 했고 불안한 한 명보다 여러 명의 지혜에 의존해야 했다. 이런 전통은 유럽식 민주주의의 토대가 되었다.

로마는 포에니전쟁에서 카르타고를 무찌르고 기원전 146년 지중해의 패권을 차지한다. 그러나 패권 장악 후 로마는 공화정에서 군주제로 정치체제를 바꾼다. 어진 황제도 나왔지만 네로와 같은 폭군이 등장하고 귀족들이 타락하면서 로마는 위기에 빠진다. 결국 4세기에 동서로 쪼개졌고 서로마제국은 476년 중앙아시아의 훈족에 밀려온 게르만족에 멸망했다. 동로마제국도 유럽의 십자군전쟁에 맞서 통일된 이슬람 국가인 오스만제국에 의해 1453년 무너졌다.

발칸반도에서 동서양을 이어주던 동로마제국의 붕괴는 유럽의 고립을 가져왔다. 오스만제국과의 교류는 이탈리아 일부 도시국가만 가능했다. 그러는 사이 유럽에서는 세기말적인 행위가 벌어졌다. 종교재판소에서는 멀쩡한 여자를 마녀로 몰아 화형에 처했다. 고양이마저 마녀의 하수인으로 정식 재판을 받을 정도였다. 로마인이 1,000여 년 전부터 만들었던 상하수도도 없어졌다. 이런 위생 상태에서 페스트가 창궐했고 유럽 인구의 30퍼센트가 사망했다.

후추로 시작된 자본주의

유럽에서도 가장 낙후된 곳은 스페인과 포르투갈이었다. 두 나라는 1492년까지 일부 지역이 이슬람의 지배를 받았고 덕분에 유럽에서 가장 열렬한 가톨릭 신봉 국가가 되었다. 가난했지만 종교적으로 충만했던 이들은 이슬람을 피해 후추를 들여올 새로운 항로를 개발하기 시작했다. 포르투갈은 인도양을 통해 후추의 나라 인도로 가는 항로를 발견했고 스페인은 신대륙을 발견했다.

　이들이 애초 신대륙에서 기대한 것은 후추와 설탕이었지만 도미니카에서 금이, 볼리비아에서 은광이 발견되면서 생각이 바뀐다. 두 나라는 신대륙에서 발견된 금은보화를 부지런히 유럽으로 퍼 날랐지만 경제는 좋아지기는커녕 오히려 망가졌다. '부자의 저주'에 빠진 것이다.

스페인이 신대륙에서 가져온 금과 은은 변변한 산업 기반이 없던 스페인을 거쳐 당시 유럽의 선진국인 프랑스와 이탈리아로 흘러들어 갔다. 오늘날 미국이 경기 부양을 한다고 통화를 공급하는 양적 완화처럼, 금과 은이 쏟아져 들어오자 스페인의 물가는 폭등했다. 이렇다 할 경제적 성장을 이루지 못했던 스페인으로서는 지금까지 경험해보지 못했던 고물가였다. 사람들의 삶은 피폐해졌다.

경제적으로 매우 불안한 상태였지만 스페인을 지배하던 카를 5세Karl V는 가톨릭 신봉을 외치며 이슬람과 전쟁을 벌이는 동시에 유럽의 다른 나라와도 계속 전쟁을 벌였다. 스페인은 떠오르는 태양인 신교도 국가 영국과 네덜란드를 적으로 삼는 실수를 한다. 신·구교 간의 종교전쟁인 30년전쟁에도 깊숙이 개입했다.

없는 살림에 숱한 전쟁을 벌이다 보니 스페인 왕실은 군인에게 월급을 주지 못했다. 그러자 가톨릭 수호자를 자처하던 스페인의 군대가 1527년 로마를 약탈하는 사건이 벌어졌다. 로마의 민간인 4만 5,000명을 죽이고 로마의 문화재를 닥치는 대로 파괴했다. 그들 자신이 이교도가 되었던 셈이다. 카를 5세의 꿈은 신성로마제국 황제가 되는 것이었는데 역설적으로 그의 군대는 로마를 약탈했다.

이후 재정 악화로 스페인은 여러 차례 국가 부도가 났다. 결국 스페인은 1588년 영국-네덜란드 연합군에게 패배한 뒤 유럽의 주류 대열에서 사라졌다. 스페인이 자랑하던 무적함대가 침몰한 것은 두 나라 해군의 전술적 차이도 있었지만 방만하던 스페인의 재정 정책 탓이 더 크다.

16세기 초 유럽의 패권 국가였던 스페인의 허망한 패망은 유럽 각국에 많은 시사점을 주었다. 금은·귀금속의 유입으로 스페인의 물가가 오른 점을 감안해 물가에 대한 연구가 시작되었고, 자국의 산업을 키워 금은 보유량을 늘려나가는 경제정책을 고민하기 시작했다.

영국에서는 금과 은이 국가 부의 원천이라는 중금주의가 시작되었다. 각국의 군주는 금은을 획득하려고 금광과 은광을 개발하는 한편 식민지 경영에 나섰다. 그러나 이런 정책은 국내 화폐가치의 하락(물가 상승)을 가져와 오히려 국내 산업의 발달을 막았다. 이에 따라 수출을 늘려 금은을 확보하고 무역 흑자를 내려는 중상주의가 등장했다. 중상주의는 18세기 중엽 애덤 스미스 등이 자유무역을 주장하기 전까지 서양 제국의 기본적인 경제정책이 된다.

중상주의 정책에 따라 설탕과 면화를 중심으로 한 중계무역은 더욱 활발해졌고 식민지를 확대했으며, 왕족이 아닌 상인들의 자본축적이 시작되었다. 이들은 왕과 귀족을 견제하려고 은행을 설립했다. 국가는 이제 전쟁을 하려면 자본가에게 허락을 맡고 채권을 발행해야 했다. 이는 1694년 영국의 중앙은행인 영란은행英蘭銀行, Bank of England이 설립된 배경이다.

자본가는 더 많은 생산물을 싸게 만들고 싶어졌고, 증기기관을 이용한 각종 기계를 고안하면서 산업혁명이 시작되었다. 산업혁명 이후 지금까지 200여 년은 350만 년 인류사에서 보면 매우 짧은 시간이지만 민주주의, 노예해방, 전기, IT 등 인류가 이룬 대부분의 위대한 성취는 이 시기에 이루어졌다. 24시간을 놓고 비유하면 23시 59분에 모든 일이 일어난 것이다.

음식의 역사는 혀로 배우는 경제사

이처럼 음식은 인류 역사를 끌어 움직이는 기관차 역할을 했다. 빛 에너지의 양이라는 물리적 차이에서 나온 식생의 차이는 서양과 동양의 차이를 가져왔다. 그 차이는 서양이 500년간 세계를 지배해온 주요한 이유가 되었으며 아직도 영향을 끼치고 있다. 옥수수와 감자를 먹던 중남미의 문명은 아예 멸망해버렸으며 노예제도에 신음했던 아프리카는 지금도 고통의 터널에 갇혀 있다. 우리나라처럼 식민지 경험이 있는 동양 국가 가운데 경제성장을 통해 기사회생한 나라는 극히 드물다.

물론 인간의 역사가 전부 음식 탓은 아니다. 유목민이던 몽골이 대제국을 건설한 것이나 미국이 IT 산업으로 세계 정보 통신 플랫폼을 사실상 장악한 것을 음식만으로 설명할 수 없다.

몽골이 멸망시킨 송나라가 이앙법을 실시해 쌀 생산량을 극대화했지만 양쯔강 이남인 화난華南 지방에 뿌리를 둔 문약한 나라였다는 점을 간과해서는 안 된다. 중국의 역사를 보면 대부분 생산력은 약하지만 전쟁에 능한 화베이華北 지방이 권력을 장악해왔다.

미국의 IT 기술은 세계의 두뇌를 빨아들이는 미국의 이민 정책에서 원인을 찾아야 한다. 애플의 설립자 스티브 잡스Steve Jobs의 아버지는 시리아 출신이다. 미국 이민은 유럽 대륙에서 벌어진 세계대전으로 불이 붙었고, 세계대전은 식민지 쟁탈전에서 시작되었다. 식민지 쟁탈전의 신호탄은 가난한 포르투갈과 스페인이 쏘아 올렸다. 그들이 바다로 나선 단초는 후추였다. 후추는 당시만 해도 휴대전화나 자동차 같은 세계 상품이었다. 음식 역사의 뒷면에는 이처럼 경제 논리가 빼곡하다.

'밥이 하늘이다'라는 말에서 보듯 우리의 정신세계까지 지배하고 있는 쌀을 비롯한 곡식과 인류의 가장 오래된 기호품인 차와 커피 그리고 역사를 쥐락펴락했던 향신료와 같은 음식에 대한 역사는 사실상 경제사다. 태양 아래 모든 것이 경제로 설명될 수 있지만, 음식처럼 인간에게 피부로 느껴지는 경제 대상은 없다. 당장 김장철에 배춧값만 올라도 난리가 일어난다.

앞으로 쌀·밀·옥수수·보리 같은 곡식, 후추와 설탕, 육류(물고기와 소고기), 햄버거 같은 가공식품 등으로 인류의 경제사를 설명해보려고 한다. 모두 우리가 먹고 있거나 알고 있는 익숙한 음식이다. 이런 익숙한 음식이 지금까지 인류의 역사를 움직여왔으며 지금도 맹렬하게 인류 역사를 만들고 있다.

음식으로 경제사를 풀려는 이유는 간단하다. 우리는 역사를 거창한 것으로 여긴다. 그 말은 고리타분하다는 뜻이다. 그러나 역사는 생생한 날것이다. 윈스턴 처칠Winston Churchill은 "역사를 잊은 민족에게는 미래가 없다"라고 말했다. 하지만 내 생각은 좀 다르다. 음식의 역사는 잊을 수 없다. 누구도 끼니를 거르지는 않고, 자신이 먹은 끼니를 기억하기 때문이다. 다만 내가 먹는 음식이 나의 역사, 민족의 역사, 인류의 역사가 된다는 통찰력을 갖고 있는 사람이 드물 뿐이다.

독자들을 음식으로 풀어가는 경제사로 초대한다. 이 글이 독자에게 통찰력이나 영감을 줄 것이라고 장담하지는 못하겠다. 다만 혀로 배우는 경제사는 쉽게 잊히지 않는다는 점은 확실하게 약속한다. 음식으로 푸는 이야기는 머리가 아니라 몸이 받아들이기 때문이다.

2

황제의 곡식,
쌀의 축복과 저주

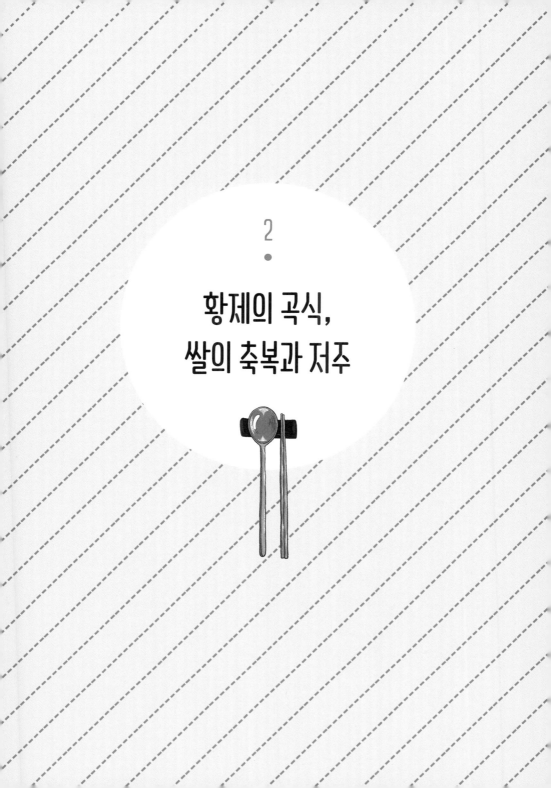

"수천 년 동안 동양의 국가들은 너무 중앙집권적이

고 강력했기 때문에 근본적으로 역사의 흐름이 멈

추어버렸다."

• 카를 마르크스Karl Marx

우리가 '헬조선'에 사는 이유

누가 우리나라가 가는 길을 묻거든 나는 "고개 숙여 (컴퓨터로) OECD 통계를 보라"고 말한다. OECD는 매년 경제·사회·여성·복지 등의 분야에서 각종 통계를 내는데, 우리나라는 몇년 전부터 불명예스러운 분야에서 'OECD 1등'을 도맡아 하고 있다. 자주 들어 지겨울 수도 있겠지만 자살률은 13년 동안 OECD 1위를 했다(이하 1위는 모두 OECD 1위). 2003년 헝가리를 밀어낸 이후부터 2016년까지 부동의 1위였다.

노동의 질이 나쁘고 예측 가능한 삶이 쉽지 않다. 근속 연수가 최하위며 단기근속자 비율은 1위다. 당연히 장기근속자 비율은 최하위다. 임금 사정도 좋지 않다. 저임금 계층 비율과 풀타임 노동자의 평균 임금 대비 최저임금 비율 역시 최하위다.

덕분에 가계 부채 증가율은 2007년 이후 1위다.

이런 현실에서 정부의 재정지출은 적다. GDP 대비 공공 사회복지 지출 비율은 최하위다. 임금은 낮고 정부의 지원이 적기 때문에 노인층의 빈곤율과 자살률이 1위다. 여성의 고충도 크다. 10년 동안 남녀 임금 격차 1위였으며, 여성의 사회참여나 승진을 막는 '유리천장'도 견고해 여성의 사회참여도는 3년째 꼴찌를 하고 있다. 전 세계로 비교 대상을 확대해도 우리나라 순위는 OECD 국가는 말할 것도 없이 아프리카 국가보다 낮은 100위권 밖이다.

이런 와중에 학생들의 수학 성적은 1위다. 공교육보다 사교육 덕택으로 분석된다. 과외와 학원에 돈을 쓰는 민간 부문 교육 지출도 1위를 했기 때문이다. 팍팍한 현실 탓인지, 출산율 역시 최하위다. 통계만 보아도 왜 우리나라를 '헬조선'이라고 부르는지 짐작할 만하다.

그렇다면 이런 팍팍한 현실은 어디에서 비롯된 것일까? 정부의 성장 중심 경제정책의 한계, 미성숙한 법규와 제도부터 급격한 근대화까지 다양한 원인이 있겠지만 나는 우리 민족의 주식인 쌀에 원인이 있다고 생각한다. 정확하게 말한다면 쌀의 생산력 탓이다. 1만 년 전부터 접해온 쌀 때문에 우리 역사가 요동쳤다는 이야기다.

쌀의 단위 면적당 부양 능력은 다른 어떤 곡식보다 월등하다. 동양은 기원전 1,000년 전 철기 문명이 시작된 뒤 서기 1500년 전까지 서양의 생산력을 압도했다. 인종주의적 편견에 가득한 유럽의 지식인들조차 인정하는 대목이다. 그 압도적인 생산력의 첫걸음은 쌀에서 나왔다.

그러나 쌀의 생산력은 1500년 이후부터 지금까지 동양의 발전 속도를 서양의 발밑으로 끌어내린 힘으로도 작용했다. 이 힘은 중국의 주변 국가로 자신을 한정해온 조선에도 재앙이었다. 조선은 일본에 패망하고, 일제 식민지 역사는 남북 분단으로 이어졌다. 1945년 분단 이후 남과 북은 1950년 한국전쟁과 같은 전면전은 물론 서해 교전 등 지속적으로 국지전을 벌여왔다. 유감스럽게도 남북 지배 세력은 분단 상태를 정치적으로 이용해왔다.

이런 상황에서 자유로운 비판과 합리적 대안 모색은 쉽지 않다. '헬조선'에서 벗어날 가능성과 정책적 대안은 논의조차 이루어지지 못하고 있다. 가끔 우리가 살고 있는 지금이 좌우가 대립하던 해방 공간과 뭐가 다른지 의문이 들 정도다.

황제를 만든 쌀

그렇다면 쌀은 어떤 식물일까? 쌀은 벼의 열매로, 벼는 계절풍

쌀의 열매인 벼는 많은 물과 노동력, 온난한 기온을 요구하지만 그만큼 많은 소출을 내며 아시아의 발전을 견인했다.

이 부는 몬순기후에 적합한 작물이다. 쌀은 생장하는 데 밀이나 보리에 견주어 많은 물이 필요하다. 원산지는 동남아시아로 추정되며, 인도부터 일본으로 이어지는 아시아 지역 국가들이 쌀을 주식으로 먹는다. 아시아는 서구에 견주어 근대화가 상당히 늦었다. 덕분에 일본을 제외한 대부분의 나라가 식민지나 서구 침략의 아픈 과거가 있다.

아시아가 근대화에 늦은 것은 쌀을 먹는 지역의 독특한 문화 때문이다. 집단의 무의식을 반영하는 신화를 살펴보면 동양과 서양의 차이를 목격할 수 있다. 중국과 그리스·로마 신화를 비교해보자.

중국 신화에서 인간을 창조한 여와는 반은 사람이고 반은 뱀

이며, 사람에게 농사를 알려준 신농씨는 소의 머리를 한 사람이다. 중국인들은 지금도 용을 숭배한다. 용은 왕, 현자를 뜻하기도 한다. 대통령 후보를 용으로 비유하는 우리나라 문화도 여기서 시작되었다. 신을 사람의 모습으로 생각한 그리스·로마인과는 다른 점이다. 그리스·로마 신화와 함께 서양 문명의 양대 기둥이라 할 수 있는 『성경』에서도 신은 사람의 형상을 하고 있으며, 용은 그저 괴물에 불과하다.

중국인이 용을 신으로 모신 것은 용이 비를 불러온다고 생각했기 때문이다. 비가 오지 않으면 쌀농사는 불가능하다. 쌀농사를 가능하게 하는 계절풍은 대양과 대륙의 복사에너지 온도 차이에서 오는 대류 현상이 원인이다. 고대 중국인들은 이런 자연현상을 용의 조화로 이해했다. 비가 내리지 않아도 잘 자라는 밀과 보리가 주식인 유럽과 중동에 견주어 동양은 우기와 장마 때 내리는 비로 한 해 농사가 좌우된다. 동양과 서양이 신을 바라보는 관점은 사뭇 달랐다.

동양의 지배층은 신을 바라보는 관점이 자신에게 투사되도록 많은 장치를 고안했다. 계급이 처음 등장한 청동기시대에 통치자와 제사장이 일치한 것도 이런 이유다. 왕은 청동검과 청동거울, 황금 장신구로 자신이 하늘에서 내려왔다고 피지배층을 세뇌했다. 이들의 노동력이 필요했기 때문이다.

농사에는 물이 필요하므로 모든 문명은 강 주변에서 시작되었다. 관개는 지금도 많은 예산이 들어가는 대규모 사업이다. 인간의 노동에 의존하던 때 관개 사업은 강력한 왕권에서 비롯되었다. 곡식농사는 채집이나 수렵과 달리 강제 혹은 착취가 동원되었다. 사유재산과 노예제도도 여기서 나온다. 고대의 왕은 여러 씨족공동체를 무력으로 통합한 뒤 이들을 노예로 부려, 원가가 거의 들지 않는 많은 양의 곡식을 생산했다. 이렇게 축적한 자본은 피라미드 건설 같은 일에 퍼부어졌다.

황허강과 양쯔강 사이에 있는 중국은 놀라운 자본축적에 성공했다. 황허강 위로는 밀을, 아래에서는 쌀을 재배했으며, 쟁기·시비법·이앙법 등 첨단 기술을 재빠르게 도입했다. 7세기 초반 건설한 중국의 대운하는 유럽보다 무려 1,000년 이상 앞선 것이다. 진시황 이후 중국 황제들이 중국을 세계의 중심으로, 그리고 자신을 '왕 중의 왕'으로 생각하게 된 것은 벼농사의 높은 생산력 덕분이었다.

신이 내린 선물, 벼

쌀의 생산력이 높은 것은 벼의 독특한 생존 조건 때문이다. 벼는 개구리밥이나 연꽃 같은 수생식물이 아니면서도 뿌리가 물 밑에서 자랄 수 있는 특이한 식물이다. 물에서 자랄 수 있다는 것은 농사의 최대 골칫거리인 잡초의 영향을 거의 받지 않는다는 뜻이다. 거기다 논에서 자라는 잡초 중 하나인 아졸라azolla에는 녹조류인 아나바에나anabaena가 기생하는데, 이 녹조류는 공기 중의 질소를 고정하는 능력이 있어서 벼에 질소를 공급한다.

생물 생장에 가장 큰 영향을 미치는 원소로 꼽히는 질소는 20세기 초 독일의 화학자 프리츠 하버Fritz Haber가 질소비료를 만들기 전까지 인공적 합성이 거의 불가능했다. 20세기 세계 인구가 폭발적으로 증가할 수 있었던 것은 질소비료 덕분이었다. 현재 인류는 70억 명을 넘어서 100억 명을 향해 질주 중인데도, 곡물의 상당량을 소 키우는 데 쓸 정도로 느긋하다. 요즘 태어났으면 '미스터 둠Mr. Doom(비관적 전망을 하는 경제 전문가)' 정도로 불렸을 토머스 맬서스Thomas Malthus는 인구 증가를 식량 증가가 따라잡지 못해 기근과 빈곤이 생길 것이라고 경고했다. 실제로 질소비료가 나오기 전까지 영국과 미국 등은 '제2의 십자군 전쟁'을 벌일 태세까지 보였다. 남아메리카 국가들은 질소 성분이 풍부한 새똥 무더기를 놓고 전쟁을 벌이기도 했다.

20세기 이전까지 질소를 농작물에 공급하는 방법은 뿌리혹박테리아로 질소를 공급받는 콩과 식물을 길러서 썩혀 퇴비로 주는 것과 번개가 치는 것을 바라는 수밖에 없었다. 번개는 삼중결합으로 단단히 밀착되어 있는 공기 중의 질소 분자를 질소 원자로 분리해 질소화합물을 생성하는 데 도움을 준다. 질소비료가 나오기 전부터 질소를 공급받을 수 있었던 쌀은 천혜의 작물이라고 할 수 있다.

여기에 동양의 농부는 씨앗을 파종해 묘판에서 모를 키우는 이앙법을 도입했다. 이앙법은 풀을 뽑는 데 들어가는 노동력의 80퍼센트를 절감해 수확을 2배로 늘려주는 혁신적인 기술이었다. 이앙법은 당나라 때 고안되어 송나라 때 정착되었다. 게다가 중국 남부의 아열대몬순기후에서는 1년에 2번 벼를 재배할 수 있다. 1,000년 전 중국에서는 이런 농업혁명이 차근차근 진행되고 있었다.

그에 비해 서양은 1200년경 시비법이 개발되기 전까지 휴경지로 지력을 살리는 방법이 고작이었다. 쌀의 우월한 생산력 때문에 동양 국가들은 안정적인 번영을 이룰 수 있었다. 고대 메소포타미아와 로마가 지주들의 토지 독점과 토지 황폐화 때문에 멸망한 것과는 대조적이다.

쌀은 밀이나 보리에 견주어 많은 인구를 먹여 살릴 수 있다. 쌀은 1헥타르당 생산량이 밀(820킬로그램)에 견주어 1.7배나 많은 1,440킬로그램이다. 옥수수의 생산량인 860킬로그램보다도 많다. 인류가 보리와 함께 가장 먼저 재배한 것으로 알려진 수수의 생산량(1헥타르당 400킬로그램)에 견주면 무려 3.6배나 차이가 난다. 쌀을 키우는 민족은 빠르게 고대국가를 이룰 수 있었다.

쌀과 밀의 평균 소출과 칼로리		
	평균 소출(1헥타르당)	1에이커*당 칼로리(1일 기준)
쌀	1,440킬로그램	5,595킬로칼로리
밀	820킬로그램	3,341킬로칼로리

*1에이커는 4,047제곱미터

쌀농사로 거대한 자본축적이 가능해진 중국에서는 '중국식 폭정'이 시작되었다. 진시황은 분서갱유를 하고 만리장성을 쌓고 아방궁을 지었다. 진시황의 폭정 때문에 진나라는 통일 후 15년 만에 망했지만, 중국 황제의 폭정은 중국에서 왕조가 사라질 때까지 습관적으로 반복되었다. 황제의 폭정에 대한 견제 장치가 사실상 없었기 때문이다. 그리스·로마가 직접민주주의와 의회로 어떻게든 독재자의 탄생을 견제하려고 했다면, 중국에서는 군주의 도리나 선한 마음을 강조할 뿐이었다. 인仁과 의義에 대한 촉구만으로 천하의 자본과 권력을 틀어쥔 황제의 빗나간 행동을 멈추기는 역부족이라는 것은 역사가 증명한다. 이런 사회에서 사유재산 보호와 권력의 견제라는 의식이 싹트기는 쉽지 않다.

중국 왕조들은 스스로 제도적 결함을 고쳐나갈 역동성이 떨어졌고, 결국 민란이나 외침에 의해 왕조가 바뀌는 역사가 되풀이되었다. 세상을 냉철하게 분석했던 마르크스는 중국의 정치 시스템을 동양적 전제주의라고 불렀으며 이런 통치 방식은

영국의 특사 매카트니 백작은 건륭제를 만나 광둥성으로 한정되어 있는 무역항을 늘려 달라고 요구했으나 거절당했다. 건륭제는 영국의 상품에 별 관심이 없었고, 영국 특사를 조공 사절 정도로 생각했다.

치수에서 비롯되었다고 보았다. 마르크스는 중국에 대해 "수천 년 동안 동양의 국가들은 너무 중앙집권적이고 강력했기 때문에 근본적으로 역사의 흐름이 멈추어버렸다"고 평가했다.

중국이 보여준 동양적 전제주의의 또 하나의 함정은 상업과 무역을 적극적으로 활용하지 않았다는 점이다. 중국은 내수는 물론 국가 간의 교역도 서양처럼 활발하지 않았다. 세상의 중심인 중국에서 거의 모든 물자를 생산할 수 있었고 주변국에서 조공을 받았기 때문에 무역을 적극적으로 장려하지 않았다. 무역보다는 조공을 받는 데 익숙했다.

1793년 청의 건륭제는 영국 특사 조지 매카트니George Macartney

백작을 접견했다. 영국은 무역항을 늘려달라고 요구했으나, 중국은 딱 잘라 거절했다. 더불어 매카트니 백작에게 3번 절하고 9번 머리를 땅에 조아리는 예를 요구했다. 당시 보호무역 사상에 빠져 있던 유럽의 지배층이 중국을 곱게 볼 리가 없다는 점을 생각하면 영국 특사에게 9번 머리를 조아리라고 요구하는 것은 큰 실수였다.

왕위에 오른 뒤 네팔을 비롯해 10개의 주변 국가를 정복한 83세의 건륭제는 영국을 조공을 바치러온 속국쯤으로 생각했다는 해석도 있다. 그로부터 약 50년 뒤인 1840년 중국 해군은 아편전쟁으로 영국 해군에 궤멸당했다. 영국에 빌다시피 해서 전쟁을 마무리 지은 청나라는 영국과 불평등조약인 난징조약을 맺었다. 그 뒤 중국은 서구 열강의 수탈 대상으로 전락했다.

쌀농사가 불러온 부자의 저주

유럽의 작은 나라 영국은 어떻게 막강한 중국을 따라잡을 수 있었을까? 유럽은 로마 멸망 후 극심한 빈곤에 시달렸다. 유럽 경제에 활기가 생긴 것은 1200년대 상품에 대한 욕구가 커지면서 상업과 제조업이 발달하면서부터였다. 길드 같은 상인 조합의 활동으로 도시가 성장했고, 상인들은 외국과 교역으로 사치품을 수입해 농촌에 공급했다. 영주들은 사치품을 사들이려고 농노들과 장기임차계약을 맺었고 이 계약으로 토지개혁이 일어나게 되었다.

가난한 유럽은 향신료를 비롯한 사치품 무역을 하려고 앞다투어 대서양과 인도양으로 뛰쳐나갔고, 운 좋게 신대륙을 발견했다. 아프리카를 돌아 인도로 가는 바닷길을 개척했을 무렵, 포르투갈의 인구는 100만 명가량이었는데, 이는 당시 중국 베이징 인구와 비슷한 규모였다. 대항해시대는 유럽의 가난한 나라에 식민지라는 토지와 노예의 노동력 그리고 여기서 비롯된 자본축적의 기회를 주었다.

영국이 대항해시대의 패자霸者가 된 것은 새로운 시대를 해석하고 이끌어나갈 수 있는 학문에 적극적이었던 탓도 크다. 그들은 공자와 맹자의 가르침을 금과옥조로 생각하던 중국과 달리 플라톤의 이데아나 소크라테스의 문답법을 모든 행위의 규범으로 내세우지 않았다. 대신 영국은 인간의 경험에 진리의 자격을 부여하는 경험철학을 완성해 과학의 학문적 위상을 높였다. 영국에서 만유인력을 발견한 아이작 뉴턴Isaac Newton, 진화론의 찰스 다윈Charles Darwin, 전자기 유도의 마이클 패러데이Michael Faraday가 나온 것은 우연이 아니었다.

애덤 스미스의 『국부론』 3편 「국부 증진의 자연적인 진행 과정」을 보면 자본은 먼저 농업에서, 다음으로 제조업에서, 마지막으로 외국무역에서 생성된다. 이 논리에 따르면 농업생산력이 높은 중국은 자연스럽게 제조업과 무역이 발달해 국부가 증진되어야 한다. 하지만 중국은 토지에서 오는 잉여생산물에만 만족하며 법·제도의 개선과 무역을 등한시했다. 쌀을 비롯한 농업에서 나오는 잉여생산물만 해도 황제가 쓰기에 충분했기 때문이다.

중국이 무역에 나서지 않은 것에 대해 경제학자 데이비드 랜즈David Landes는 중국 황제가 자신만큼 부를 쌓는 자본가를 탐탁하게 여기지 않았고, 국가는 개인의 상업 활동을 충분히 막을 수 있을 만큼 강력했기 때문이라고 설명했다.

그에 비해 유럽의 왕은 절대 권력이 아니었다. 영국의 찰스 1세는 의회가 반대하는 세금을 신설하려고 의회를 해산했다가 내전에서 패해 참수당했다. 미국 독립전쟁에 자금을 지원했다가 재정 파탄이 일어난 프랑스 왕 루이 16세도 사형당했다. 유럽 왕들이 중국 황제처럼 군림할 수 없었던 것은 재정 부족 탓이다.

결국은 정치가 문제다

중국 옆에 있는 우리나라는 어떠했을까? 유감스럽게도 우리 역사는 중국이 겪은 부자의 저주와 거리가 멀어 보인다. 중국의 쌀의 역사는 한때 놀아본 아버지의 몰락 과정이라면, 우리나라는 가난한 집에서 아이들의 끼니를 걱정해야 하는 어머니의 슬픈 사연에 가깝다. 우리나라의 쌀 생산량은 많지 않았으며 이앙법이 확대된 조선 말기 잠깐을 제외하고는 주목할 만한 수준이 아니었다.

한반도의 쌀 생산력은 아열대몬순기후부터 냉대기후대에 퍼져 있는 중국과 비교하면 정말 작은 규모다. 통계청 국제통계연감 2017년 자료를 보면, 중국의 쌀 생산량은 전 세계 쌀 생산량의 28.5퍼센트를 차지했다. 우리나라의 생산량은 0.8퍼센트로, 무려 35.6배 차이가 난다.

이런 낮은 생산량 때문에 우리 조상은 쌀 가운데 찰기가 있는 단립형 자포니카japonica를 먹은 것으로 보인다. 쌀의 전분은 퍼석한 느낌을 주는 아밀로스amylose와 찰기가 많은 아밀로펙틴amylopectin으로 이루어져 있다. 아밀로스가 많은 쌀이 장립형 인디카indica(일명 안남미)다. 떡을 만드는 찹쌀은 아밀로스가 아예 없다. 아밀로스를 만드는 유전자가 우성이다. 3대 1로 인디카 쌀이 많다는 뜻이다. 우리 조상은 아밀로스가 없는 열성유전자 쌀을 고른 것이다.

우리 조상이 찰기 있는 쌀을 선택한 이유는 밥이 주는 포만감 때문이다. 자포니카와 인디카 2가지 쌀을 모두 재배해온 중국인들이 이름도 알기 힘든 수많은 요리와 함께 인디카 쌀을 먹는 것은 그만큼 먹을 것이 풍족하다는 뜻이다. 향신료로 만드는 인도의 카레나 볶음 요리가 많은 동남아시아 요리에는 인디카 쌀이 잘 어울린다. 반면 우리나라와 일본의 식단이 유독 밥 중심인 것은 낮은 쌀 생산량을 고려한 조상의 선택으로 보아야 한다.

우리나라의 쌀 생산량이 중국에 견주어 떨어진 것은 꼭 기후 탓만이 아니다. 중국의 쌀 생산량이 세계 최고 수준이 된 것은 이앙법의 역할이 컸다. 중국은 이앙법을 당나라 때 도입해 송나라 때 보급을 완료한 반면, 우리나라는 그로부터 700년가량 뒤인 조선 후기에나 도입했다.

조선은 저수지 등의 관개시설이 발달하지 않았기 때문에 가뭄이 들면 농민들의 생계가 위험해질 수 있다고 판단해 이앙법을 금지시켰다. 이앙법은 태조 6년(1397) 발행된 법률서 『경제육전經濟六典』에서 금지된 이후 영조 시대까지 400년가량 금지되었다. 중국이 7세기 초반 대운하를 만든 것과 견주면 수리시설을 제대로 마련하지 못한 조선의 무능을 짐작할 수 있다.

조선의 무능은 세수 부족에서 왔다. 태조는 토지개혁으로 자영농을 늘리겠다고 했지만 지배층의 반대로 실패했다. 게다가 왕위 계승을 둘러싸고 정변이 계속되면서 공신이 늘어나 토지가 지배층에 집중되었고, 국가 재정이 위협을 받았다. 고대

로마와 중국의 왕조들이 몰락했던 과정과 흡사하다. 양반은 세금과 부역이 면제된다. 세금을 내는 양인들은 먹고살려고 노비로 전락한다. 노비가 되기 싫은 사람들은 학정을 피해 산이나 국경 너머로 도망갔다. 양인의 감소는 세수 감소로 이어졌고 이러다 보니 저수지 건설은커녕 국경 수비도 제대로 하지 못할 정도였다.

농업이 어렵다면 유럽처럼 상업이나 공업으로 숨통을 돌려야 했지만 조선은 상공업을 천시했다. 농업을 중시했던 성리학 탓이다. 이런 와중에도 지배층은 조선을 작은 중국이라고 여기며 외교를 소홀히 했다. 그 결과 전국시대를 끝낸 일본과 중국의 강호로 떠오른 여진족의 실상을 파악하지 못해 임진왜란과 병자호란을 겪었다.

난리 통에 조선의 신분 체계가 흔들리고, 자영농과 소작농이 늘면서 이앙법에 대한 관심이 높아졌다. 효종 때부터 늘기 시작한 이앙농은 숙종 때 급증해 금지가 일부 해제되었고 영조 때 드디어 이앙법이 일부 합법화되었다. 이모작과 이앙법은 자영농과 소작농의 소득을 크게 늘렸다. 국민의 80퍼센트가 농민이었던 조선에 새로운 경제개혁의 바람이 불어온 것이다.

그러나 정조의 돌연한 죽음으로 개혁의 바람은 이내 잦아들었다. 정조 사후 세도정치라는 기형적인 정치 구조가 들어서면서 매관매직이 성행하고 조세제도가 극도로 문란해졌다. 그 후

임진왜란과 병자호란 이후 이앙법이 합법화되며 보급되기 시작했다. 이모작과 이앙법으로 인한 자영농·소작농의 소득 증가는 조선 말기에 새로운 활력을 불어넣었다.

100여 년 만에 조선은 패망한다. 농민의 나라를 표방했던 조선은 정치·경제 시스템의 미비로 생산력 혁명을 일으키지 못했다. 중국이 배가 불러서 부자의 저주에 걸렸다면 쌀의 생산력이 충분하지 않았던 조선은 배가 고픈 마름의 저주에 걸렸다고 볼 수 있다.

이후 세상은 바뀌었다. 쌀이 주식인 일본이 1980년대 세계 경제를 좌우하는가 하면 중국이 미국과 함께 세계 패권을 다투는 국가로 부상했다. 중국에 이어 세계 2위의 쌀 생산국인 인도의 위상 역시 만만치 않다. 우리나라 역시 남북 분단의 어려움 속에도 안정적인 경제성장을 이루었다. 아시아는 비로소 쌀의 저주에서 벗어난 것일까?

속단하기는 이르다. 일본은 헌법을 고쳐 전쟁할 수 있는 나라가 되려 하고 있다. 2011년 동일본대지진과 후쿠시마 원전 폭발 사고 이후 시각을 외부로 돌리려는 의도로 보인다. 물론 중국 견제를 바라는 미국의 입김도 작용했을 것이다. 중국은 '팍스 시니카'를 염두에 두고 군비를 강화하고 있다. 하지만 중국 내부의 정치적 혼란 역시 커지고 있다. 인도는 여전히 계급·인권·빈곤 문제에서 벗어나지 못하고 있다.

우리나라는 '한강의 기적'으로 배고픔은 해결했지만, 극심한 양극화에 시달리고 있다. 문제는 이 양극화를 해소할 방법론에 대한 사회의 지혜가 모이지 않는다는 점이다. 세수 인상을 통한 복지 향상과 고용 확대를 놓고 10여 년간 소모적인 논쟁만 벌이고 있다.

아시아 각국의 고민은 결국 민주주의의 문제다. 미국과 유럽 역시 문제가 없는 것은 아니지만 아시아의 민주주의는 서구에 견주어 부족한 점이 많다. 서구 침략으로 강요된 근대화와 이에 따른 정치·사회·문화의 미성숙 탓이 크다. 이런 미성숙은 요즘처럼 저성장기에 더욱 도드라진다. 이 역시 쌀의 저주가 아닐까?

3

밀이 선물한 가난,
자본주의를 낳다

"역사는 우리가 죽음을 맞는 전쟁터는 기념하면서,
번영의 터전인 밀밭은 비웃는다. 역사는 왕의 서자
이름은 줄줄이 꿰고 있지만 밀의 기원에 대해서는
알려주지 못한다. 인간이 저지르는 어리석음이다."

• 장 앙리 파브르 Jean-Henri Fabre

밀 vs. 쌀

밀과 쌀은 같은 볏과 식물이지만 전혀 다른 얼굴을 가졌다. 같은 어머니에게서 나온 전혀 다른 얼굴과 성격의 형제자매라고나 할까? 쌀이 뜨겁고 감성적이라면 밀은 차갑고 이성적이다. 이런 차이는 두 곡식의 식물학적 성질에서 기초한다. 밀은 보리와 마찬가지로 겨울에도 잘 자란다. 반면 쌀은 뜨거운 여름의 산물이다. 밀은 보리에 견주어 물이 많이 필요하지만 쌀처럼 장마 같은 집중호우가 필요하지 않다.

쌀과 밀은 이런 식물학적 특징보다 먹는 사람 때문에 대비되었다. 정확하게 일치하지 않지만 두 곡식은 대체로 동양과 서양을 나누는 기준이 되어왔다. 인도에서부터 유라시아 대륙의 동쪽 끝인 일본까지는 쌀을, 그 서쪽으로는 밀을 주식으로 해

쌀이 동양 문명을 견인했다면 밀은 서양 문명을 견인했다. 쌀과 밀이라는 주식의 차이는 고대부터 지금까지 동양과 서양의 운명을 결정했다.

왔다(아랍은 밀을 먹지만 고대 그리스 때부터 유럽과 대립해온 데다 종교가 다르다는 결정적 이유 덕분에 동양으로 분리되어왔다. 중국도 화베이 지방에서는 밀을 먹지만 쌀을 더 많이 먹는다. 중국은 지금도 세계 1위의 쌀 생산 국가다. 밀 생산 1위는 유럽연합이다).

동양과 서양이라는 진영을 대표하는 밀과 쌀은 세계 역사를 이끌어온 쌍두마차였다(옥수수를 먹던 아메리카 선주민이 빠진 것은 그들을 폄하해서가 아니다. 그들은 15세기 이후 구대륙과 조우했다. 15세기 이전의 경제사를 주로 다루기 때문에 그들의 역사를 뺀 것이다). 초기에는 서양의 인종주의 지식인들조차 인정하듯이 쌀이 앞섰다. 쌀을 주식으로 먹는 중국과 인도는 16세기까지 세계경제를 주름잡았다. 17세기까지 유럽 상인들은 중국의 비단과 도자기를 구입하려고 열을 올렸고 유럽의 왕족들은 중국을 흉내내기 바빴다. 인도의 후추는 고대부터 그 가치가 금과 맞먹었다.

하지만 1492년 신대륙 발견 이후 무게중심은 밀로 급격하게 바뀐다. 이탈리아인 크리스토퍼 콜럼버스Christopher Columbus가 스페인 왕실의 후원으로 신대륙을 발견한 뒤부터다. 서양은 옥수수를 먹는 아메리카인을 90퍼센트 이상 절멸시킨 뒤 대부분의 세계를 식민 지배했다. 그전까지 밀을 먹는 중세 유럽은 동양은 물론 아랍에도 경제적이나 문화적으로 한참 뒤처진 '문명의 변방'이었다.

고대 중국은 7세기에 길이 2,000킬로미터가 넘는 대운하를 만들었지만, 유럽에 증기선이 다닐 법한 운하가 만들어진 것은 19세기 이후의 일이었다. 명나라 수도 연경(베이징)과 오스만제국의 수도 바그다드의 인구가 각각 100만 명을 넘었을 때 이슬람의 식민지에서 벗어난 포르투갈의 전체 인구는 100만 명 수준에 불과했다.

밀이 설계한 문명

꠷

그렇다면 밀을 먹는 지역의 사람들은 이런 격차를 어떻게 극복해서 번영의 열쇠를 먼저 차지하게 되었을까? 그들이 믿던 유일신의 도움으로 신대륙을 발견하고 증기기관을 만들어 세계를 제패했기 때문일까? 서양인들이 정말 왜구나 몽골 병사보다 잔혹한데다 당시 첨단 무기인 총으로 무장했기 때문일까? 아니면 낮은 위생 관념 때문에 천연두와 매독 같은 병균 범벅인 인간 세균병기가 되어 신대륙 선주민들을 손쉽게 살육했기 때문일까?

그것은 대영제국의 영광이 엘리자베스 여왕이 결혼도 하지 않고 나라를 돌본 덕분이고 중국의 대포만 쓸 만했으면 아편전쟁에서 중국이 영국에 지지 않았을 것이라는, 역사를 왕이나 전쟁 같은 단편적인 요소만으로 나열하는 사람들의 몽상에 불과하다.

역사를 움직이는 결정적인 열쇠는 신이나 '보이지 않던 손' 같은 형이상학적 힘, 위대한 지도자의 영도력이 아니라 개인의 사유재산에 대한 욕망이었고 사회 시스템이 이런 욕망을 어떻게 수용하느냐였다. 서양은 동양보다 훨씬 빠른 중세 때 이미 이런 욕망의 필요성을 인정했다. 반면 동양의 지배층은 이 욕망을 인정하지 않았으며 일부 이슬람 세력과 북한 등은 지금도 이를 인정하길 꺼리고 있다.

위에서 아래로 내려오는 신념이나 영도력은 초기 확산 속도는 빠르지만 현실을 반영하지 못하는 경우가 많아 지속력이 떨어진다. 진秦나라는 진시황이 중국을 통일한 뒤 불과 15년 만에 망했다. 스페인의 선교사들은 모든 인간을 하느님이 창조했다는 『성경』의 가르침을 잊고 노예무역에 힘을 보태기도 했다. 반면 자기 땅에 대한 농민의 집착과 경제활동에 대한 상공인의 자유의지는 꾸준한 방향성으로 역사를 움직였다. 농민들은 늘 배가 고팠던 까닭이다.

개인의 생각을 만드는 기초는 먹거리다. 우리가 황혼 녘 밥 짓는 냄새를 맡으면 설명할 수 없는 따뜻하고 뭉클한 기운을 느끼는 것은 우리 민족이 1만 년 가까이 한반도에서 쌀을 먹으면서 삶을 이어왔기 때문이다. 곡식은 우리의 의식과 무의식을 지배한다. 밀도 마찬가지다. 호메로스Homeros는 『오디세이아 Odysseia』에서 밀과 보리를 '인간의 골수'에 비유하기도 했다.

밀은 쌀의 상대가 되지 않았다

쌀은 지구 상에 존재하는 볏과 식물 가운데 가장 칼로리 높은 열매를 맺는, 부양 능력이 뛰어난 식물이다(볏과에 속하는 사탕수수는 쌀보다 칼로리 측면에서 뛰어나지만 열매를 먹는 게 아니라 줄기를 압착해서 얻은 즙을 가공해 설탕을 만든다). 밀의 생산력은 보리나 수수보다는 낮지만 쌀보다 한참 떨어진다. 쌀은 1헥타르당 생산량이 밀에 견주어 1.7배나 많다. 거기에 쌀은 3모작까지 가능하며 수경 재배를 해서 논에 물고기를 함께 키운다. 심지어 공기 중의 질소를 고정해주는 녹조류까지 있다. 유럽이 아무리 목축을 해도 중세까지 중국이나 인도의 상대가 되지 못했던 이유다.

배고픈 유럽인의 살길은 땅을 떠나 바다로 나가는 것이었다. 물고기를 잡거나 무역을 해야 했다. 이렇게 살길을 찾은 대표적인 나라가 고대 그리스다. 그리스는 빙하가 깎아놓은 노르웨이와 마찬가지로 바위가 많다. 게다가 석회암이 많아서 흙이 기름지지 않다. 그리스인의 주식은 보리였다. 보리에는 탄성을 만드는 단백질인 글루텐이 없어 빵을 만들 수 없기 때문에 죽으로 먹을 수밖에 없었다.

그리스인에게는 바다밖에 없었다. 뱃사람은 농사짓는 사람에 견주어 거칠 수밖에 없다. 땅의 가혹함은 굶주림이지만 바다의 가혹함은 죽음을 의미했다. 그들은 살기 위해 거칠었고 모든 것에 회의적이었으며 셈에 밝았다. 보리죽을 먹던 그리스인에게 새의 얼굴을 한 이집트의 신과 종교는 우스꽝스러웠겠지만, 그들이 만드는 기기묘묘한 모양의 빵은 기적처럼 보였을 것이다.

이집트, 3차원 빵을 만들다

이집트는 빵의 국가였다. 이집트인은 원시 밀의 돌연변이 종인 에머 밀emmer wheat로 인류 최초로 발효 빵을 만들었다. 이집트인이 발효 빵을 만들기 전까지 인류는 대부분 납작한 2차원적인 빵을 먹었다. 빵이 입체가 될 수 있었던 것은 곰팡이인 효모가 일으키는 발효 덕분이었지만, 이 조화를 인간이 과학적으로 알게 된 것은 1857년 프랑스의 세균학자 루이 파스퇴르Louis Pasteur가 곰팡이가 발효를 일으킨다는 것을 증명하고 나서였다. 인간은 무려 5,000년 동안 빵의 조화를 신의 영역으로 미루어놓았다.

이집트는 범람하는 나일강의 영양분을 머금은 퇴적토에 밀을 키웠다. 이집트인은 남북으로 흐르는 나일강에서 조금이라도 벗어나면 사막이 펼쳐지는 극단적인 자연 환경에서 살았다. 그들에게 나일강은 생명이었고 강을 벗어난 사막은 죽음이었다. 당연히 그들은 나일강을 신성하게 생각했으며 강물을 조금이라도 낭비하지 않으려고 관개 기술과 측량술을 개발했다.

1년을 강의 범람에 맞추어 3계절로 분류하는 등 이집트 과

이집트가 눈부신 고대 문명을 건설하고 피라미드 등을 만들 수 있었던 것은 국가가 농사와 빵을 관리했기 때문이다.

학은 지금의 관점으로 보면 약간 엉성했다. 하지만 기원전 3000~2000년 당시 빵으로 대표되는 이집트 과학기술은 지금으로 치면 화성에 로켓을 보내는 미국과 유럽의 우주항공기술에 비유할 수 있다. 세상에서 가장 머리가 좋다는 유대인들조차 모세를 따라 '출애굽'하면서 빵 반죽을 챙기지 못한 것을 아쉬워할 정도였다.

　이집트는 그 과학적 생산력을 빵에 오롯이 바쳤다. 이집트의 화폐는 빵이었으며 관료와 노예 모두 빵을 공급받았다. 빵의 독점권은 파라오에게 있었다. 파라오가 지금의 정부들도 건설하기 힘든 거대한 피라미드를 건설할 수 있었던 것은 빵으로 사회를 통치했기 때문이다. 이집트는 서구와 중동의 고대 문명에 중요한 역할을 해왔다. 빵 창고 이집트를 지배하느냐가 이 지역의 패권을 좌우했다. 이집트 주변 국가들은 나일강과 메소포타미아('두 강 사이의 땅'이란 뜻의 그리스어)의 곡창지대를 차지하려고 쉼 없이 전쟁을 벌였다.

빵으로 제국을 건설한 로마

석유 매장량이 집중된 중동에 대한 영향력이 현대 국제 패권의 핵심인 것처럼, 이집트는 고대 지중해 패권의 핵심이었다. 이 빵 창고를 가장 영리하게 이용한 것은 로마였다. 로마는 이집트로 대표되는 지중해 패권을 차지하려고 많은 것을 개발하면서 인류사에 영원히 남을 발명품을 고안해냈다. 바로 '공화정'이다. 공화정의 핵심은 왕이나 귀족이 가진 권력을 평민에게 나누어주는 것이다. 불안한 1명보다 평범한 다수가 낫다는 것을 이들은 알고 있었다. 공화정이 없었다면 그리스의 식민지에 불과했던 로마가 지중해의 패권을 차지하는 것은 불가능한 일이었다.

하지만 금수저를 물고 태어난 왕족과 귀족이 흙투성이 농민과 나란히 원탁에 앉는 것은 민주주의가 보편화된 지금도 쉽지 않은 일이다. 아마 중국에서 19세기까지 이런 이야기를 황제 앞에서 꺼냈다면 관례에 따라 9족을 멸했을 것이다. 그런데 로마는 이것을 기원전 509년에 구현해냈다. 물론 민주주의의 저작권은 그리스에 있다. 기원전 6세기 솔론Solon의 개혁으로 평민의 참정권이 보장되었으며, 이후 모든 시민이 참석하는 직접 민주주의 형태가 만들어졌다. 시민들이 재판에 참석하는 배심원 제도도 이때 도입되었다.

하지만 로마는 여기서 더 나아갔다. 농사꾼들로 이루어진 평민회의 대표에게 최고 권력 자리인 호민관을 내주었다. 로마가 이 같은 혁신을 채택한 것은 귀족과 평민의 화합으로 번영을 이루기 위해서였다. 로마가 번영하려면 빵이 필요했고 이 빵은 이탈리아의 밀만으로는 턱없이 부족했다. 그들은 지중해 무역을 로마보다 앞서 개척한 이웃 나라 그리스와 북아프리카 페니키아와 맞서야 했다.

밀 외에 보리와 귀리도 있지만 이미 빵 맛을 알게 된 로마인은 보리를 가축이나 노예가 먹는 음식쯤으로 여겼다. 검투사를 로마에서는 호르데아리hordearii라고 불렀는데 이는 '보리를 먹는 사람'이라는 뜻이다. 기록에 따르면 검투사는 보리죽에 고수를 띄워서 먹었다. 로마에서는 문제가 있는 군인과 관리에게는 밀 대신 보리를 급여로 지급하기도 했다. 이런 전통은 근대까지 유럽에 남아 있었다.

로마는 지중해의 밀 생산 지대를 차지해야 했고 그러려면 다른 나라와 경쟁이 불가피했다. 살아남으려고 로마식 정치 혁신을 선택한 것이다. 로마의 선택은 옳았다. 로마는 주변 나라를 차례차례 격파하고 100여 년이 넘는 포에니전쟁에서 카르타고에 승리를 거두면서 지중해의 패권을 장악했다. 로마가 얼마나 카르타고에 이를 갈았는지는 카르타고를 정복 이후 한 짓을 보면 알 수 있다. 로마는 카르타고 남자를 모두 학살하고 카르타고의 곡창지대에 소금을 뿌려 영원히 밀을 키우지 못하도록 했다. 그만큼 밀은 로마의 아킬레스건이었다.

이제 북아프리카와 이스파니아의 곡창지대도 로마의 것이었다. 로마는 로마 시민을 먹여 살릴 빵 창고인 이집트마저 정복했다. 그러고는 이집트의 화학책을 모두 불살랐다. 로마인이 보기에는 마법 같던 이집트 빵 기술을 독점하려는 생각이었다. 로마는 드디어 서양 세계의 빵을 독점했다.

밀밭이 사라지면서 로마도 망했다

달은 차면 기운다. 빵에 도취한 로마 귀족들은 포에니전쟁 이후 가난한 농민의 땅을 야금야금 사들이기 시작했다. 이스파니

소규모 자작농을 살리려 했던 티베리우스 그라쿠스는 현재의 국회 격인 쿠리아 율리아에서 이에 반대한 귀족들에게 맞아 죽었다. 그림은 체사레 마카리Cesare Maccari의 〈카틸리나를 탄핵하는 키케로〉로, 당시 쿠리아 율리아 내부의 모습을 보여준다.

아와 갈리아(지금의 프랑스)의 곡창지대는 귀족의 포도밭으로 바뀌기 시작했다. 술은 어느 시대나 빵보다 부가가치가 크다. 북아프리카의 곡창지대는 로마 귀족 6가문의 소유가 되었다. 이른바 대농장으로 불리는 라티푼디움latifundium이 생기기 시작한 것이다.

위대한 로마제국의 시민은 차츰차츰 아시두이assidui(중소 자영농)에서 가난한 프롤레타리우스proletarius(무산자)로 전락했다. 무분별한 포도주 사업은 토지 황폐화를 가져왔다. 로마 덕분에 유목을 그만두고 농사를 지으며 로마에 동화되었던 속주인들은 로마를 떠나 그들의 땅으로 돌아갔다. 농민이 떠난 농토와

밀이 선물한 가난, 자본주의를 낳다

토지 황폐화로 헐벗은 산림은 로마의 위기를 상징했다.

기원전 121년 그라쿠스 형제처럼 귀족에 대항해 토지개혁을 하려던 사람은 귀족의 테러에 모두 죽었다. 티베리우스 그라쿠스Tiberius Gracchus는 원로원 집회장 쿠리아 율리아Curia Iulia에서 수십 명의 귀족이 손에 잡히는 대로 휘두른 의자 같은 집기에 맞아 사망했다. 이는 개혁에 대한 가진 자들의 저항을 상징하는 사건이었다.

개혁은 대지주의 방해로 저지되었고 귀족의 토지 독점으로 중산층이 붕괴되면서 로마 공화정은 흔들리기 시작했다. 결국 로마는 군인들의 쿠데타로 기원전 27년 전제 국가로 돌아섰다. 하지만 황제도 귀족들의 토지 독점을 막지 못했다. 밀밭은 계속 포도밭으로 변해갔고 92년 도미티아누스 황제Caesar Domitianus Augustus가 포도밭 확산 금지 정책을 펼쳤지만 실패했다.

땅을 잃은 농민의 증가는 세금 감소는 물론 군대 약화를 의미한다. 예산 부족에 빠진 로마는 속주의 문제는 속주가 알아서 해결하라는 자치권을 주어 연방제로 돌아섰다. 로마의 결정에 속주는 로마에 곡물을 보내지 않는 것으로 화답했다. 로마는 결국 476년 게르만족의 침략으로 멸망한다. 로마는 빵으로 통치했고 빵으로 세계를 정복했으며 마침내 빵으로 멸망한 것이다.

이후 유럽은 700년 이상 침묵에 빠진다. 유럽과 달리 아랍 세계는 600년대 예언자 무함마드 이후 그의 후계자인 칼리프의 서진西進 정책으로 지중해의 패권을 잡았다. 730년에는 로마인에게 최초로 농사를 배웠던 베르베르인들이 지브롤터해협을 건너 이베리아반도를 정복했다.

반면 로마제국이 건설한 도로는 잡초에 덮여 사라지고 있었다. 하지만 유럽은 동양과 아랍의 제국들이 갖지 못한 것을 갖고 있었다. 그것은 가난한 국가의 치열한 경쟁심이다. 넓은 평원에서 넉넉한 곡식이 나는 선택받은 땅에 자리 잡은 이집트·바빌론·인도·중국의 전제 국가에서는 볼 수 없는 다양한 도시국가 간의 경쟁이 유럽에서 맹렬하게 벌어졌다. 하버드대학 니얼 퍼거슨Niall Ferguson 교수는 영국을 비롯해 서양의 발전 동력을 서술한 『시빌라이제이션』에서 서양이 동양을 따돌린 6가지 이유 가운데 첫 번째로 '경쟁'을 꼽았다.

밀의 부족이 일깨워준 부의 법칙

유럽에서 경쟁의 주체는 귀족이나 왕족처럼 권력과 토지를 독점한 자가 아니라 상인과 장인이었다. 12세기 유럽은 낮은 농업생산력을 무역과 기술 혁신으로 메워나가고 있었다. 유럽의 상인과 장인은 동업조합인 길드를 만들어 지배 세력에 맞서 자치권을 확보했다. 이들은 영주가 갖고 있던 경제행위에 대한 통제권은 물론이고 사법권 행사와 행정관리 선출에도 직접 개입했다. 길드를 중심으로 한 상공업과 무역의 발달로 유럽의 작은 도시들에는 활력이 생겨났고, 농노들은 종교 공동체인 장원을 빠져나와 도시에서 자유인으로 살기 시작했다. 영주와 종교인도 일부 권리를 상공인에게 넘기면 훨씬 사치스럽게 살 수 있다는 것을 간파했다.

13세기에는 석탄을 이용한 증기기관 같은 대대적인 혁명은 아니었지만, '연성 원시 산업혁명'으로 불리는 에너지 혁명의 전조가 감지되었다. 1185년 영국 요크셔 지방에서 발명된 풍차는 영주와 교회의 소유이던 수력 장치와 경쟁하는 '평민의 에너지'였다. 풍차 설비 1대는 20명의 노동력을 대체할 수 있었다. 방아의 가장 중요한 기술적 진전은 회전운동을 왕복운동으로 바꾸어주는 캠cam이었다. 방아 덕분에 양모를 천으로 바꾸는 가공 기술이 획기적으로 발전할 수 있었고 유럽 번영의 기초가 되었다. 이를 간파한 상공인들은 풍차와 수력 장치를 소유했고 어느덧 평민의 에너지 총량은 기득권층의 에너지 총량을 넘어섰다. 중세 기사도를 숭배한 라만차의 돈키호테가 풍차를 향해 말을 타고 창을 휘두른 것도 무리가 아니었다.

중세의 풍차와 수차에 대해 연구한 역사학자 린 화이트Lynn White는 중세에 이미 산업혁명이 준비되었다고 진단했다. "15세기 후반 유럽은 그 이전의 어떤 문화권보다 훨씬 다양한 동력원뿐만 아니라 그 에너지를 포착하고 전달하고 이용하는 데 필요한 일단의 기술 수단까지 갖추었다. 1492년(콜럼버스의 신대륙 발견) 이후 전개된 유럽의 확장은 상당 부분 에너지 소비의 증가와 그에 따른 생산성 향상, 경제력·군사력 증강에 기초한다."

에너지와 기술 수단뿐 아니라 사회 시스템 역시 혁신적으로 진화 중이었다. 이는 중세 도시가 서로를 의식하며 치열하게 경쟁했던 탓인데 그리스와 로마, 카르타고가 지중해의 밀을 비롯한 무역권을 놓고 경쟁하던 것과 비슷하다. 13세기 이탈리아의 피렌체·피사·베네치아·제노바는 부와 권력을 키우려고 이웃 도시와 전혀 다른 정책을 채택하기도 했다. 자연스럽게 인간이 고안해낼 수 있는 각종 창의적인 정책의 풀pool이 형성되었다. 이탈리아인들이 실험 끝에 내린 결론은 제조업과 무역이 번영의 핵심이라는 것이었다.

그들은 그리스와 로마의 역사에서 교훈을 얻었다. 1112년 세워진 피렌체공화국은 은행업과 양모업 등 21개 길드의 대표자가 운영하는 시뇨리아Signoria를 통해 다스려졌다. 1532년 메디치가家가 세습군주제로 피렌체를 다스리기 전까지 이 대의기구는 계속 운영되었다.

배고픔에서 벗어나기 위해 공화정을 만든 점은 로마와 닮았지만 결정적인 부분에서 피렌체는 로마와 달랐다. 피렌체는 귀족을 혁신의 걸림돌로 보고 대주주와 귀족이 정치 세력이 되지 못하도록 철저히 견제했다. 심지어 피렌체는 지주를 영구적인 위협 세력 혹은 적과 내통할 수 있는 세력이라고까지 생각했다. 지주를 견제하는 대신 비봉건 사회의 특징인 예술인을 우대해 예술의 번영을 일구었다. 레오나르도 다빈치, 미켈란젤로, 라파엘로 등 르네상스의 많은 거장이 피렌체에서 활동했다.

유럽의 성장 비결

피렌체의 성공은 다른 나라를 자극했다. 영국은 피렌체에 원재료인 양모를 수출하는 유럽의 별 볼 일 없는 나라였다. 1485년 왕위에 오른 영국의 헨리 7세Henry VII는 피렌체를 모방해서 양모 산업을 적극적으로 키웠다. 헨리 7세가 생각한 피렌체의 성공 법칙은 제조업 발달과 원자재 확보, 해외무역이었다. 그는 피렌체를 견제하려고 영국이 수출하는 양모에 세금을 물리는 수출관세를 도입했다. 그의 손녀 엘리자베스 1세Elizabeth I는 아예 영국의 양모 수출을 금지시켜버렸다. 영국이 제조업 지원과 보호무역으로 요약되는 중상주의 정책을 실시하면서 피렌체 등 이탈리아 도시국가들은 직격탄을 맞았다.

이후 제2차 세계대전까지 제조업은 국가의 부를 이루는 핵심으로 숭상된다. 스페인은 신대륙에서 금은보화를 실어 날랐지만, 제조업에 방점을 둔 영국과 달리 올리브 등 농산물에 무게중심을 둔 중농주의 정책을 쓰다가 재정 위기에 봉착했고 결국 3류 국가로 전락했다.

유럽 국가들이 피렌체와 같은 이탈리아 도시국가와 영국을 모델로, 그리고 스페인을 반면교사 삼아 중상주의 정책을 펼치면서 근대적 의미의 국가가 탄생하게 된다. 보호무역으로 국부를 쌓아온 서구 국가들은 애덤 스미스에서 시작된 고전 경제학의 가르침을 내세우며 "관세 없는 자유무역으로 세계 모든 나라의 부를 이룰 수 있다"라고 외치지만, 역사를 되짚어보면 그들이 지금처럼 잘 살 수 있었던 것은 자국의 산업을 보호하려는 중상주의 정책을 펼쳐왔던 덕이 크다.

'나만 잘 살겠다'는 식의 중상주의 정책에 대한 적개심은 유럽 내부와 식민지 양쪽에서 계속 쌓여갔고, 이는 1775년 미국 독립전쟁의 뇌관이 되었다. 스미스가 자유무역을 주장한 『국부론』을 쓴 것도 이런 중상주의의 폐해를 지적하기 위한 것이었다. 그는 이 책에서 식민지 미국에 강제한 가혹한 조세 조례를 금지하라고 충고하기도 했다.

미국 이주민 가운데는 지주에게 쫓겨난 농민이 많았다. 지주가 비싼 양모를 얻으려고 양을 키우겠다며 소작농을 쫓아낸 인클로저 운동의 피해자들이었다. 이들이 죽음을 무릅쓰고 대

밀이 선물한 가난, 자본주의를 낳다

서양을 건넌 것은 사유재산과 투표권에 대한 열망 때문이었다. 그들은 고대 그리스인의 적자였던 셈이다. 미국 독립전쟁은 공개시장과 자유 거래로 사유재산을 확보하는 동시에 정치적인 자유를 위한 싸움이었다. 이 싸움은 고대 그리스의 평민이 귀족과 벌였던 싸움과 목적이 동일하다.

미국은 인류 역사상 최초로 재산권과 민주주의를 위해 제국주의와 전쟁을 벌여 승리한 식민지였다. 18세기 이후 미국과 영국 등 대부분의 국민 국가는 정부의 가장 중요한 임무로 사유재산과 시장경제 보호를 꼽았다.

밀이 선사한 또 하나의 눈

밀은 유럽인을 배고프게 만든 대신 그들에게 분석력이라는 눈을 선사했다. 서양인은 작은 개체를 낱낱이 파헤친 뒤 원칙을 세워 나머지를 묶어내는 분석 능력이 동양인보다 뛰어난 것으로 평가된다. 관찰과 경험을 중시했던 아리스토텔레스는 "개체야말로 진정한 실체다"라고 말했다. 서양인에게 집단은 개체가 모인 것인 반면 동양은 개체보다 관계와 전체를 중요시했다.

서양의 면도날 같은 분석 전통은 학문뿐 아니라 사회 발전에도 밑거름이 되었다. 정치가는 사회를 이루는 주체들을 각각의 변수로 놓고 이들이 조화를 이룰 수 있도록 제도와 법규 같은 시스템을 조율했다. 동양의 세계관이 부모와 왕과 국가(혹은 신)의 관계를 강조해 선과 도형으로 이루어진 평면적인 것이었다면 서양의 세계관은 입체적이고 역동적이었다는 분석을 하는 이유다.

어쩌면 이런 차이는 쌀보다 훨씬 제분이 어려운 밀의 속성에서 온 것인지 모른다. 밀은 쌀에 견주어 껍질은 단단하지만 속살(배젖)은 부드럽다. 껍질을 까면 밀은 쉽게 깨져버린다. 따라서 밀은 쌀과 보리와 달리 도정揉精 대신 분쇄를 해야 했다. 속도 차를 이용해 고운 가루를 내는 3중 분쇄 기술은 1800년에나 개발되었을 정도로 밀의 분쇄는 까다로운 일이었다. 서양인이 생산력의 열악함을 뛰어넘어 자본주의와 함께 그 대안인 사회주의를 만들어낼 수 있었던 저력은 작지만 쉽게 제 몸을 내어주지 않는 밀알을 좀더 치밀하게 깨려는 그들의 오랜 식습관에서 비롯된 것일지도 모른다.

4

슬픈 옥수수,
자본주의의 검은 피가 되다

"멕시코 아즈텍의 종교는 인간의 피를 들이마셨고 철학은 죽어갔다. 천문학과 수학에 대한 지식은 상실되었으며 오직 남은 것은 태양과 옥수수뿐이 었다."

• 하인리히 에두아르트 야콥Heinrich Eduard Jacob

우리는 모두 옥수수다

현대인의 혈관에는 옥수수가 흐른다. 한때 세계 최대 소비 곡식이던 쌀이나 밀은 옥수수에 밀린다. 중남미 안데스산맥이 원산지인 옥수수는 현대인과 끈적끈적한 관계다. 먹는 것이 몸을 만들고 생각이 몸에 깃든다는 것을 감안하면 우리 삶은 옥수수로 채워져 있다.

자본주의의 외양은 눈이 부실지 모르지만 현대인의 일상은 초라하다. 복잡하고 튼튼한 개미집과 개미의 삶이 별개인 것과 마찬가지다. 예를 들면 아침밥을 먹고 출근하는 사람이 점점 줄고 있다. 2014년 보건복지부 국민건강영양조사 결과를 보면, 응답자의 24.1퍼센트가 아침 식사를 거르는 것으로 나타났다. 직업이나 학교 때문에 원거리 통근·통학자가 늘어난 데다

대규모 농장에서 옥수수를 수확하는 모습. 중남미가 원산지인 옥수수는 현대에 와서는 육류와 유제품의 재료가 되어 전 세계 사람의 핏줄에 흐르고 있다.

예전처럼 아침을 챙겨줄 전업주부는 줄고 있는 탓이다. 전·월세 가격 상승 탓에 주거비에 대한 부담이 늘면서 맞벌이 가정이 늘고 있는 것이 원인이다.

아침을 굶으면 과식이나 육식의 가능성이 높다. 고기를 먹어야 든든하다는 통념 탓이다. 이런 이유로 우리나라 사람의 고기 섭취량은 30년 동안 4배가 늘었다. 한국농촌경제연구원이 2015년에 발표한 「식품수급표 2013」을 보면, 우리나라 국민 1인당 하루 전체 에너지 공급량은 1980년 2,486킬로칼로리에서 2013년 3,056킬로칼로리로 570킬로칼로리(22.9퍼센트포인트) 증가했지만, 국민 1인당 연간 육류 공급량은 13.9킬로그램에서 49.2킬로그램으로 4배 가까이 늘었다.

그런데 우리가 접하는 고기와 우유는 대부분 사료로 키운 가축의 살과 젖을 가공한 것이다. 가축의 사료는 대부분 옥수수로 만든다. 쌀이나 밀보다 싸기 때문이다. 덕분에 옥수수는 밀과 쌀을 따돌리고 지구 상에서 가장 많이 생산되는 곡식이다. 심지어 전체 생산 곡식의 거의 절반을 차지한다.

2014년 유엔식량농업기구FAO의 「곡물 작황 및 식량 상황」 보고서는 2015년 세계 식량 생산량이 사상 최고였던 2013년(25억 2,600만 톤)과 거의 비슷한 수준(25억 2,300만 톤)에 육박할 것이라고 예상했다. 전체 곡식 중 40.3퍼센트인 10억 1,800만 톤이 옥수수다. 옥수수가 10억 톤 이상 생산된 것은 처음이다.

옥수수를 먹던 이들의 비극

옥수수가 인류의 삶과 밀착한 것은 오래된 일이 아니다. 우리 민족이 옥수수를 키우기 시작한 것은 고추나 담배처럼 16세기 이후부터로, 중국에서 전래된 것으로 추정된다. 옥수수가 인류의 역사 전면에 등장한 것은 1492년 콜럼버스의 신대륙 발견 이후다. 그전까지 옥수수를 먹는 아메리카 대륙 사람들은 밀과 쌀을 먹는 유라시아 대륙 사람들과 전면적으로 조우한 경우가

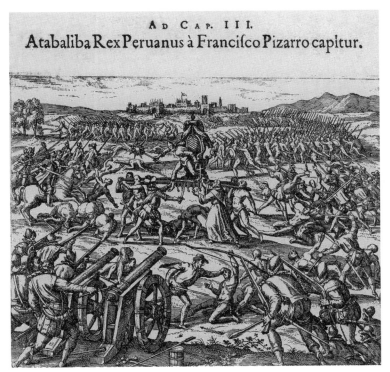

Aᴅ Cᴀᴘ. III.
Atabaliba Rex Peruanus à Francifco Pizarro capitur.

피사로는 철제 무기와 말을 앞세워 적은 수로 수만 명에 달하는 잉카 군대를 물리쳤다. 아메리카 대륙 선주민은 스페인 군대가 옮긴 전염병으로 대다수가 목숨을 잃었다.

극히 드물었다(1002년 바이킹 레이브 에릭손Leiv Eriksson이 그린란 드를 거쳐 캐나다 뉴펀들랜드의 한 섬에 정착하기는 했지만 1년도 안 되어 다시 그린란드로 돌아갔다).

두 대륙의 만남은 한쪽 대륙에는 완전한 비극이었다. 스페 인 군인들에 의해 아메리카 대륙의 대표적인 국가인 아즈텍과 잉카는 흔적도 없이 사라졌다. 다른 이름도 없는 무수히 많은 부족국가와 집단도 대부분 멸망했다.

멸족의 표면적인 원인은 학살이다. 1532년 프란시스코 피사로Francisco Pizarro가 이끌던 168명의 스페인 무장 세력은 8만 명의 잉카 군대와 전투를 벌여 수만 명의 병사를 죽이고 잉카 황제 아타우알파Atahualpa를 포로로 잡았다. 전투라고 할 수도 없을 정도로 상대가 되지 않았다. 스페인 선교사의 기록에 따르면 스페인 무장 세력은 선주민을 정말 개미처럼 학살했다. 인구 1,000만 명이 넘는 국가가 168명의 무장 세력에 의해 괴멸된 것이다. 앞서 1521년 에르난 코르테스Hernán Cortés가 아즈텍 제국을 멸망시킨 과정도 비슷하다. 역사가들은 서양인이 말하는 '신대륙 발견' 이후 아메리카 선주민 가운데 95퍼센트가 사망하고 단 5퍼센트만이 생존했다고 추정한다.

반대로 서양인에게 신대륙은 기회의 땅이었다. 유럽인은 신대륙에서 가져온 귀금속과 노예무역으로 자본을 축적했고 그 자본을 발판으로 산업화에 성공해 오늘날의 자본주의를 이루었다. 그들은 인류 최악의 학살극을 우월한 백인이 열등한 다른 인종을 지배한 것으로 합리화하려고 줄기차게 노력해왔다.

총과 칼보다 무서운 것

그렇다면 유럽인은 어떻게 손쉽게 신대륙 선주민을 학살하고 기존 국가들을 파괴할 수 있었을까? 유럽인은 아시아와 아프리카 국가도 식민지화했지만 모든 식민지의 백성을 다 죽이지는 못했다. 이집트와 인도는 영국의 식민지였지만 그들은 지금도 자신의 문화를 유지하며 살고 있다.

미국 캘리포니아주립대학 재러드 다이아몬드Jared Diamond 교수는 『총, 균, 쇠』에서 두 대륙이 조우하게 된 비극적인 이면을 분석했다. 그는 민족마다 역사가 다르게 진행된 것은 각 민족의 생물학적 차이 때문이 아니라 환경적 차이 때문이라고 전제하면서(이는 서구의 인종우월주의자들과 그의 뉴기니 친구들을 염두에 둔 것으로 보인다) 남아메리카가 유럽에 정복당한 직접적 이유는 총과 칼 같은 무기 기술, 병원균, 정치 조직 등이라고 지적했다.

다이아몬드 교수는 "스페인의 총과 칼 그리고 말은 석기와 청동기를 사용하던 신대륙인들을 학살하기 충분했을 것"이라고 지적했다. 강철 갑옷을 입고 말을 탄 기병은 헝겊 갑옷에 곤봉과 청동검 따위를 들고 있던 신대륙 사람들의 눈에는, 오늘날로 치면 탱크처럼 보였을 것이다. 8만 명의 아타우알파 대군을 불과 168명이 도륙한 것도 크고 빠른 말의 역할이 컸다.

게다가 1500년대 스페인은 무적함대(아르마다)라는 이름처럼 바다에서뿐 아니라 육상에서도 천하무적이었다. 스페인이 막강한 육상 전력을 가질 수 있었던 것은 유럽 국가 최초로 총을 전진 배치한 덕이다. 그전까지 전쟁의 중심은 말이었다. 주인공은 곤살로 데 코르도바Gonzalo de Córdoba라는 하급 장교였다. 그는 남부 이탈리아로 파견되어 프랑스군에 몇 번 패배한 뒤 튼튼한 참호 속에 화승총 부대를 배치해 기병과 창병을 상대하는 전법을 도입했다. 1503년 코르도바의 새로운 전투 체제는 체리뇰라Cerignola에서 맞붙은 프랑스군과의 전투에서 검증받았다.

체리뇰라 전투는 작은 규모였지만 이 전투는 전쟁사에서 획기적인 전환점이 되었다. 코르도바는 1515년 전사했지만 그가 확립한 스페인의 새로운 전투 체제는 1525년 이탈리아 밀라노 인근 파비아 전투에서 프랑스군을 괴멸시켰고 프랑스 왕 프랑수아 1세François I를 포로로 잡았다. 이후 유럽의 모든 군대 지휘관은 기병이나 창병 대신 화승총 부대 배치를 최우선으로 고민하기 시작했다. 1592년 조선을 침략한 일본군도 마찬가지였다.

하지만 다이아몬드 교수는 신대륙과 구대륙의 '궁극적인 차이'는 칼과 갑옷이 아니라 식량 생산과 가축화 탓이라고 분석했다. 대표적인 것이 신대륙 사람을 절멸에 가깝게 사망시킨 천연두 같은 전염병이었다. 스페인 사람들이 전파한 전염병은 대부분 가축에서 비롯된 것이다. 천연두는 소를 가축화하는 과정에서 소가 보유한 바이러스가 인간에게 전염되면서 생겨났다. 낙타가 보유한 메르스 바이러스가 박쥐를 통해 사람에게 전염된 과정과 동일하다.

구대륙은 농경의 시작과 함께 말과 소, 낙타 등 대형 포유류 13종을 가축화했지만 남아메리카에는 라마 1종밖에 없었다. 1만 년 전부터 대형 포유류와 접촉해온 구대륙인은 이런 병균들에 대한 면역이 있었다.

옥수수, 이보다 키우기 쉬울 수 없다

다양한 종의 식물 재배와 가축화가 이루어진 유라시아 대륙은 고대부터 국가를 만들 계기가 있었지만, 아메리카 대륙은 그런 계기가 없었다. 근대 이전 국가 성립의 핵심은 잉여생산물을 통한 자본축적이었다. 자본축적으로 고대국가는 왕족은 물론이고 관료·군인·기술자(과학자) 같은 전문직을 부양할 수 있었다. 산업혁명 전까지 대부분 국가가 성립되는 핵심은 농업생산력에 있었다. 동양의 중국과 인도 등이 강력한 고대국가를 형성한 것에 견주어 유럽이 대부분 도시국가로 남아 있었던 것은 쌀에 비해 밀의 농업생산력이 낮았기 때문이다.

여기서 모순이 발생한다. 신대륙 사람들의 주식인 옥수수의 부양 능력은 쌀과 밀에 견주어 떨어지지 않는다. 농촌경제연구소의 2015년 해외곡물동향 자료를 보면, 미국에서 밀의 에이커당 수확량은 44.3부셸(1부셸=27.2킬로그램)에 그쳤지만 옥수수 단위면적당 수확량은 밀보다 3배 이상 많은 에이커당 166.8부셸이었다. 옥수수가 유전자조작 종자라 생산량이 많다고 할 수 있지만 역시 GMO 비중이 높은 대두는 46부셸에 불과했다.

심지어 안데스 지역에는 주요 작물 가운데 부양 능력이 가장 뛰어난 감자와 고구마까지 있었다. 농업생산력이 높은 옥수수를 먹던 아메리카인은 왜 유럽인과 맞서 싸울 만한 국가를 건설하지 못했을까? 농업생산력이 떨어졌던 유목국가 몽골이 유라시아를 정복했던 것과 대조적이다.

신대륙 국가와 유라시아 국가의 가장 큰 차이는 신대륙 국가는 대부분 제정일치였다는 점이다. 비슷한 시기 유라시아 국가 대부분은 왕권이 신권을 누르고 있었다. 중국에서는 이미 기원전에 제정일치가 끝났다. 진시황이 천하를 통일하자마자 자신을 신의 반열인 황제에 올린 것만 보아도 알 수 있다. 유럽도 십자군 전쟁 이후 교황권이 쇠락하기 시작했다. 프랑스 왕 필리프 4세Philippe IV는 교황 보니파시오 8세Bonifacius VIII와 대립하고 교황청을 아예 프랑스 아비뇽에 두었다. 교황은 1309년부터 1377년까지 아비뇽에서 프랑스 왕의 지배하에 있었다.

중국 통일은 철기 문명에서 그 원인을 찾을 수 있다. 주나라를 섬기며 대의명분을 추구하던 춘추시대에서 주나라를 무시하며 모든 나라가 전쟁에 나선 전국시대로 전환한 것은 철기 문명 탓이었다. 기원전 1400년 중동의 히타이트가 최초로 도입한 철기는 유라시아 각지로 전파되었다. 유라시아는 청동기와 달리 싼 가격으로 많은 병사를 무장시킬 수 있는 철기에 매료되었다. 철기는 그들에게 형이상학적인 신이 아니라 다른 나라를 정복하게 해주는 실재하는 '전쟁의 신'이었다.

암흑의 시기로 불리던 중세가 끝나던 1300년대 유럽에서는 또 다른 신인 화약이 강림했다. 이슬람 세력과 십자군 전쟁(1095~1272년)이 끝난 뒤 영국과 프랑스의 백년전쟁(1337~1453년)이 시작되었다. 대포와 총이 전쟁에 등장하기 시작했고 직업군인인 용병이 나타났다. 직업군인과 신무기로 기존의 전쟁과는 전혀 다른 양상이 펼쳐졌다.

1415년 영국군의 장궁 공격에 번번이 당하던 프랑스군은 적에게 점령당한 프랑스 북서부 항구도시 아르플뢰르Harfleur의 성을 대포로 무너뜨리면서 백년전쟁의 일방적인 수세에서 벗어났다. 아르플뢰르 전투로 고대부터 이어져온 공성전의 시대는 막을 내렸다. 총과 대포 같은 신무기는 페스트와 도시의 발달로 중세 봉건제가 해체되는 상황에서 왕들에게 큰 힘이 되었다. 귀족과 종교인의 눈치를 살펴야 했던 왕들은 이 기회를 놓치지 않고 왕권을 강화했다. 이런 상황에서 왕들이 '하늘의 섭리' 따위의 말을 경청할 리 없었다.

옥수수를 위해 인간의 심장을 바치다

반면 신대륙의 지배 세력은 달랐다. 아즈텍제국과 잉카제국은 활발한 정복 사업으로 중남미의 넓은 지역을 차지했다. 14세기 멕시코에 자리 잡은 아즈텍은 텍스코코 호수의 섬에 테노치티틀란을 세운 뒤 멕시코 중앙 계곡의 서부와 남부 지역을 정복해 아즈텍제국을 건설했다. 비슷한 시기 잉카제국 역시 수도 쿠스코를 중심으로 지금의 에콰도르부터 칠레까지 정복했다.

대규모 정복 사업을 벌였지만 두 나라는 유라시아식 강력한 중앙집권 국가 건설보다는 사람을 제물로 바치는 인신 공양에 사로잡혀 있었다. 아즈텍은 1년에 2만 명가량의 사람을 제물로 바쳤고 이를 위해 전쟁을 벌였다. '포로=제물'이었다. 유라시아에서는 이미 기원전 수천 년 전부터 노예를 제물이 아니라 노동력으로 생각하고 대규모 정복 사업을 벌였던 것과 대비된다.

아즈텍과 잉카 두 나라의 공통점은 태양이 사라질 것을 두려워했다는 점이다. 아즈텍인은 자신들이 존속 기간 300~600년에 불과한 다섯 번째 태양의 나라에 살고 있다고 생각했다. '깃

아즈텍의 인신 공양. 희생자의 심장이 피를 흘리며 태양 쪽으로 날아가고 있다.

털 달린 뱀'이란 뜻의 케찰코아틀의 도움으로 인간이 태어났지만, 다섯 번째 세계도 이전처럼 태양이 사라지는 대재앙으로 멸망할 것으로 믿었다. 케찰코아틀은 세상을 먹어치우려는 게걸스러운 여신을 막기 위해 뱀으로 변신해 여신의 몸을 반으로 갈랐다. 여신의 몸은 각각 땅과 하늘이 되었다. 여신은 몸이 분해되었지만 죽지 않았다. 여신은 인간의 피를 목말라했고 갈증이 충족될 때까지 옥수수를 비롯한 지상의 열매를 허락하지 않았다. 여신이 가장 원하는 음식은 인간의 심장이었다. 태양이 사라진다는 것은 황금빛 옥수수밭도 사라진다는 것을 의미했다.

아즈텍은 인신 공양을 할 대신전 여러 개를 수도에 세웠고, 끊이지 않고 산 제물을 잡아다 바칠 강한 군사 조직을 만들었다. 전쟁으로 정복한 지역의 사람들을 잡아다가 가슴을 절개해 심장을 꺼내고 살아 있는 심장을 신에게 제물로 바쳤다.

잉카 역시 인신 공양을 했다. 그들은 농업의 신 치코메코아틀에게 젊은 처녀를 제물로 바쳤다. 열흘 동안 벌어진 축제의 마지막 날 어린 옥수수 여신인 엑클로멘을 상징하는 젊은 여성의 목을 베고 그 가죽을 벗겼다. 성직자들은 벗긴 가죽을 쓰고 비의 신이 오기를 기도했다. 백성들 역시 "오 하느님, 마법의 왕자시여, 옥수수는 진정 당신의 것입니다"라고 한목소리로 부르짖었다.

유라시아인들이 쇠칼을 만들어 서로의 땅을 빼앗으려고 혈안일 때 농업생산력이 높은 아즈텍인과 잉카인은 인신 공양에 빠져 있었던 것이다. 왜 이들은 인신 공양에 빠져 있었을까? 학자들은 옥수수의 기적적인 생산 조건 때문이라고 분석한다.

옥수수는 밀이나 쌀처럼 노동 집약적 곡식이 아니다. 심지어 쟁기질도 타작도 도정도 필요 없다. 심는 법도 단순하기 그지없다. 남자 농민이 큰 막대기로 땅에 구멍을 뚫으면 그 구멍에 부인이 씨앗을 심는다. 1년에 2번 씨앗을 심으면 50일 안에 열매가 열린다. 옥수수는 빨리 익을 뿐 아니라 익기 전에도 낱알을 먹을 수 있다. 1알을 심으면 보통 150알 이상을 거둘 수 있으며 심지어 800알을 얻기도 한다. 이것은 계절에 따라 7~8일 정도만 일하면 된다는 것을 의미한다. 집약적 노동의 자유로움이 결국 지나치게 전제적인 신정국가에 이르게 한 것이다.

자본주의의 밑거름이 되다

아메리카의 옥수수는 유럽으로 건너가서는 전혀 다른 역사를 일구었다. 호기심 많은 콜럼버스에 의해 유럽으로 건너간 옥수수는 감자와 함께 근대적 자본주의를 태동시키는 데 큰 공을 세웠다. 두 식물의 가장 큰 공은 빠른 식량화를 통한 인구 팽창이었다. 페스트 확산으로 급감했던 유럽 인구는 17세기부터 급증하기 시작했다. 기원전 이후 2억 명가량이던 인구는 1650년 약 5억 명으로 2배가량 늘었고 이후 폭발적으로 성장해 1850년에는 10억 명을 기록했다. 중국의 인구 증가도 옥수수가 전파되었던 17세기 청나라 때부터였다.

유럽에서 최초로 옥수수에 주목한 나라는 전쟁광 스페인이 아니라 전통의 부호 이탈리아였다. 중남미의 인신 공양 행위를 유럽 최초로 지켜보고 기록했던 스페인 사람들은 남아메리카에서 가져온 옥수수를 불길한 음식으로 취급해 아예 먹지 않으려 했다. 그러나 무역으로 부를 일군 도시국가 베네치아는 달랐다. 베네치아를 비롯해 이탈리아 도시국가들은 노동력 대비 높은 옥수수의 생산성에 매료되었다. 그들은 시칠리아에 옥수수를 키워 식량으로 삼고 대신 옥수수에 견주어 2배 이상 비싼 밀을 시장에 팔았다. 17세기 베네치아는 생산된 곡물의 15~20 퍼센트를 수출한 반면 프랑스는 2퍼센트를 제외한 거의 대부분의 곡물을 소비했다.

밥이 되고 돈이 되는 옥수수는 자연스럽게 부국강병에 골몰하던 유럽 전역으로 퍼져나갔다. 사유재산과 대의 민주주의라는 열망을 품고 미지의 땅인 미국으로 건너간 유럽인들의 주식 역시 옥수수였다. 미국 이민 초기 밀농사는 잘되지 않았다. 배고픈 이민자들에게 따뜻한 옥수수를 건넨 것은 포카혼타스로 대표되는 인디언들이었다. 미국 초대 대통령 조지 워싱턴George Washington도 옥수수를 예찬했다.

옥수수가 도입된 이후 서구에서는 소농의 경제력이 빠르게 향상되었고, 계몽주의 철학자 존 로크John Locke를 비롯한 사상가들이 등장하면서 사유재산 옹호론이 깊게 뿌리내렸다. 로크는 사유재산의 추구야말로 인간의 타고난 본성이라고 말했다. 미국 독립전쟁과 프랑스대혁명은 계몽주의 사상을 정치적으로 확산하는 기폭제 역할을 했다. 이후 개인의 재산권과 이를 토대로 한 시장경제를 정부가 보장하면서 유럽에서는 각종 혁신이 들불처럼 번졌고 이 혁신은 산업혁명의 핵심 동력이 되었다.

같은 옥수수로 서양과 중남미는 전혀 다른 역사를 썼다. 이런 차이는 정치·과학·농업·기술의 격차 등 여러 가지 원인이 있을 것이다. 유럽의 성공을 경쟁과 과학, 재산권 등에서 찾았던 퍼거슨이나 수차·풍차 등의 에너지와 기술 수단에서 찾았던 화이트 같은 학자도 있었다. 19세기 독일의 사회학자 막스 베버Max Weber는 이를 종교적으로 해석했다.

베버의 눈에 합리성이 결여된 미신적 사술에 빠진 민족의 패망은 자연스러운 것이었다. 그는 유럽 이외의 종교는 수동성과 이 세상에서의 탈출을 갈망하며, 행동이나 방법 대신 소란스러운 축제나 명상으로 자아의 철저한 상실을 지향한다고 비판했다. 반면 유럽 종교는 이 세상을 실제로 지배하고자 했으며 지배 욕구는 체계적이고 방법적인 형태를 띠었다고 말했다. 유럽인들은 신의 섭리에 부응하려고 자아 상실의 축제를 벌이는 대신 저축과 투자를 했고 이윤을 남겼다며 종교개혁을 자본주의의 시작점으로 본 것이다. 베버는 그 계기에 대해 이렇게 설명했다.

"자본주의적 생활 방식은 금욕적 프로테스탄티즘 윤리에서 비로소 그 철저한 윤리적 토대를 발견했다. 즉, 현세적인 프로테스탄트의 금욕은 전력을 다해 재산 낭비적 향락에 반대해왔고 소비, 특히 사치품의 소비를 봉쇄해버렸다. 반면에 이 금욕은 재화 획득을 전통적인 윤리적 장애로부터 해방시키는 심리적 결과를 낳았다."

19세기 철도와 같은 운송 혁명이 일어나면서 자본주의의 중심축은 국가가 아니라 영국과 네덜란드의 동인도회사에서 시작된 주식회사로 옮겨갔다. 이들 회사는 중앙집권형 상의하달식 명령과 통제 메커니즘을 갖추기 위해 수직통합된 거대 기업으로 빠르게 성장했다. 20세기 전후로 석유·가스와 같은 에너지 혁명이 일어나면서 이들 기업은 은행과 합병하며 중앙정부도 상대하기 거북할 만큼 몸집을 키웠다.

서양이 이룩한 자본주의는 쌀과 옥수수를 먹던 서양 이외의 세계에서 볼 때 경이로운 것이었다. 그러나 베버처럼 자본주의를 낭만적으로 바라보았던 사람들은 수천만 명이 죽은 세계대전과 유대인 학살 등 어두운 면을 예상하지 못했다. 또 관료제의 총화라던 기업 역시 제국주의 국가와 마찬가지로 이윤 추구를 위해 합리성이라는 이름으로 어떤 도전도 서슴지 않는다는 것도 내다보지 못했다. 자본주의적 과잉생산과 에너지 자원의 각축은 전쟁의 불길한 기운을 몰고 다녔다.

거대 기업들은 파시즘 국가가 거의 사라진 세계대전 이후에도 자원 개발과 이윤 추구를 위해 지구 구석구석을 파헤치고 있다. 심지어 생명까지도 기업 이윤 추구의 대상에 포함시켰다. 대표적인 것이 고기와 GMO 농산물이다.

좀더 많은 고기를 싸고 빠르게 생산하려는 기업은 옥수수에 주목했다. 잉카문명과 아즈텍문명을 만든 옥수수의 특징, 성장 속도가 빠른 데다 많은 노동력이 필요하지 않다는 점을 자본가는 놓치지 않았다. 자본가는 옥수수를 더 싸게 생산하려고 유전자를 조작했다. 옥수수는 1990년대 말 콩과 함께 가장 먼저 유전자 조작 제품이 만들어진 농산물이다.

GM 옥수수를 최초로 발명한 기업은 미국의 다국적 농업 생물공학 기업인 몬산토다. 몬산토가 옥수수 유전자 조작에 이용한 Bt균(바실루스 투린기엔시스)은 생물학 무기에 사용되는 탄저균(바실루스 안트라시스)과 같은 속이다. 몬산토가 곰팡이 유전자를 옥수수에 넣어 유전자 변이를 일으킨 것은 해충의 피해를 줄이기 위해서였다. 제왕나비 같은 해충이 GM 옥수수를 먹으면 성장이 억제되거나 죽는다. 하지만 나방뿐 아니라 잠자리·개구리·쥐 등 먹이사슬로 연결된 다른 종들도 영향을 받을 수 있다.

대부분의 육우는 이제 풀을 먹지 않는다. 곡물인 옥수수를 먹고 20~30개월 만에 도축된다. 풀을 먹기 위해 수백만 년 동안 진화해온 4개의 위는 유전자 조작 옥수수를 제대로 소화시키지 못한다. 고열량인 곡물 덕분에 소들은 지방간을 비롯해

사육되는 대부분의 소는 풀 대신 옥수수로 만든 사료를 먹는다. 그러나 풀을 먹던 소는
옥수수를 제대로 소화시키지 못한다.

소화기관에 장애가 생긴다. 가장 흔한 질환으로 혹위-간장 농
양 합병증이 있다. 미국에서 도살하는 소 가운데 8퍼센트의 간
에서 농양이 발견되었다. 수소는 태어나자마자 거세되고 암소
는 우유를 생산하기 위해 호르몬을 맞고 죽을 때까지 젖을 짜
내야 한다.

　이런 고통은 천연두로 아메리카인을 절멸시키는 공로를 세
웠던 소만 받는 것이 아니다. 값싼 옥수수 가루로 만든 액상 과
당은 설탕 가격의 3분의 1밖에 되지 않는다. 대부분의 청량음

료와 가공 음식에는 설탕 대신 액상 과당이 들어간다. 우리나
라 대형 마트에서 판매되는 500개의 상품 중 옥수수 첨가 제품

은 372개로, 약 74퍼센트를 차지하는 것으로 나타났다. 자본주의가 스스로 합성한 검은 피, GM 옥수수에서 누구도 자유로울 수 없는 셈이다.

아즈텍제국 멸망 후 멕시코로 건너온 스페인 사람들은 현지에서 앓던 설사와 고열 등의 병을 '목테수마의 복수'라고 불렀다. 목테수마는 아즈텍제국의 마지막 왕이었다. 아직 GM 농산물의 폐해가 구체적으로 입증된 것은 아니지만 세계보건기구 WHO가 2015년 10월 가공육을 석면과 같은 1급 발암물질로, 붉은 살코기를 2급 발암물질로 규정했다는 점을 감안하면, 현대판 목테수마의 복수는 옥수수를 통해 더 근본적이고 광범위하게 퍼지고 있다.

5

그리스 보리밭에서
자라난 민주주의

"그리스는 빈곤이라는 친구가 늘 곁에 있는 곳
이다."

• 헤로도토스

'천한' 보리는 억울하다

흰색은 참 오묘하다. 흰색은 태양광의 모든 파장을 반사한다. 빛 자체를 허락하지 않는다. 그만큼 도도하고 까다롭다. 그래서 흰색은 본능적으로 선망과 공포의 대상이 되었다. 같은 말이라도 백마가, 같은 새라도 흰 새가 대접받는 이유다. 곡식도 비슷하다. 곡식 가운데 가장 뽀얀 흰 밀가루와 흰 쌀밥은 끼니를 넘어서 하늘로까지 칭송받아왔다.

보리는 그래서 억울하다. 보리는 수수와 함께 인류가 가장 오랫동안 재배해온 곡식이다. 쌀처럼 뜨거운 태양과 많은 비를 요구하지도 않고, 밀처럼 까다롭게 기온을 가리지도 않아 가장 넓은 지역에서 재배되어왔다. 그러나 보리는 차별받던 곡식이다. 고대 로마에서는 문제를 일으킨 공무원이나 군인에게 밀

누렇고 맛없는 보리는 쌀이나 밀에 비해 늘 천대를 받아왔다. 보리는 예부터 서민의 음식이었다.

대신 보리로 급료를 주었다. 로마 검투사는 보리를 먹는 사람이라는 뜻의 호르데아리라 불렸다.

　문제는 색깔과 맛이다. 보리는 쌀이나 밀에 견주어 꺼멓고 거칠다. 글루텐 함량이 적어서 밀처럼 잘 부풀어오르지 않는다. 빵을 만들어도 납작하고 딱딱했다. 보리는 빵보다는 죽으로 많이 먹었다. 보리는 제빵 기술이 발달한 지금도 생산량의 3분의 1은 사료로, 3분의 1은 엿기름을 만드는 데 사용된다.

보리, 먹이사슬의 꼭대기에 오르다

보리는 산업혁명 이전까지 서양인의 주식이었다. 밀은 귀했다. 이집트에서 밀로 만든 빵이 월급이었고, 그리스도교 신도에게 빵이 신의 몸이 된 까닭이다. 거기다 밀 빵은 보리 빵에 견주어 눈부시게 하얗다. 귀족은 흰 빵을, 평민은 보리 빵이나 보리죽을 먹었다.

나는 앞서 밀을 먹는 사람이 어떻게 옥수수와 쌀을 먹는 사람을 지배할 수 있었는지 설명했다. 쌀이 자라는 곳에서는 고대부터 왕권이 강력한 전제 정권이 등장했다. 중국이 대표적이다. 반면 밀을 먹던 민족은 가난했다. 산업혁명은 밀을 먹던 가난한 유럽이 몸부림친 결과다.

그러나 좀더 자세히 살펴보면, 서양 세계를 움직인 것은 희고 눈부신 밀이 아니라 검고 천한 보리를 먹던 사람들이다. 보리를 먹던 '더 가난한' 민족이 밀을 먹던 '덜 가난한' 민족을 지배했다. 굳이 서열을 표시한다면 '옥수수·쌀→밀→보리' 순이 된다. 물론 보리를 먹던 모든 가난한 민족이 서열의 정점에 올랐던 것은 아니다. 그리스인만이 꼭대기에 올라섰다.

그리스인은 2,000년이 훨씬 지난 지금도 정신적으로 인류를 지배하고 있다. 한국인도 예외가 아니다. 현대 한국인의 몸은 한반도에서 만들어졌지만 머리는 그리스에서 이식되었다. 한

국어로 표기된 추상명사의 상당수가 따져 올라가면 '메이드 인 그리스'이기 때문이다.

철학philosophy이 '지sophia에 대한 사랑philo'이라는 그리스어에서 왔다는 것은 상식이 되었다. 민주주의democracy 역시 '민중demos'과 '지배kratos'가 결합한 그리스어. 이런 식의 그리스어에 기초한 추상명사와 물질명사는 고대 그리스가 사라진 뒤에도 꾸준히 늘어났다. 후세 서양인들은 새로운 발견에 관례적으로 그리스어를 붙였다. 그들은 자신이 보리를 먹던 그리스의 후예라고 생각했다. 그 예는 차고 넘친다.

천문학은 그리스 의존도가 가장 심한 분야다. 지구를 제외한 태양계의 모든 행성에는 그리스 신화에 등장하는 신들의 이름이 붙었다. 1781년 윌리엄 허셜William Herschel은 새로운 태양계 행성을 발견하고 그 이름을 그리스 신화의 '하늘의 신'인 우라노스Uranus로 지었다. 우라노스는 한자로 천왕성天王星으로 번역되었다. 우라노스는 1789년 새로운 금속 이름으로도 쓰였는데 그게 우라늄uranium이다. 꼬리에 꼬리를 무는 그리스어 퍼레이드는 끝이 없다.

게다가 고대 그리스어는 한때 자신들의 식민지 언어였던 라틴어에 많은 영향을 주었다. 로마 시대에도 그리스어는 탄압받은 다른 말들과 달리 로마제국의 제2 공용어였다. 그리스어는 예수의 제자인 사도들과 초기 전도자들이 『신약성경』을 써

내려갈 때도 사용되었다. 포교에 가장 적합한 국제 공용어였기 때문이다. 동로마제국은 1453년 멸망하기 전까지 그리스어를 공용어로 썼다.

언어의 힘은 세다. 오스트리아 철학자 루트비히 비트겐슈타인Ludwig Wittgenstein은 "언어적 행위의 순간에 세계가 비로소 존재하고 동시에 사상이 생겨난다"고 말했다. 언어가 없다면 세계는 존재하지 않는다고 생각했다. 마르틴 하이데거Martin Heidegger는 그래서 언어를 '존재의 집'이라고 말했다. 두 사람 말대로라면 우리의 세계와 사상은 그리스에서 온 많은 단어에 신세를 지고 있다.

그리스의 영향은 단어만으로 그치지 않는다. 영국의 철학자 앨프리드 노스 화이트헤드Alfred North Whitehead는 "서양 철학은 플라톤의 각주에 불과하다"고 말했다. 서구의 정치·외교·법률 역시 그리스 사상의 각주라는 말도 있다. 그리스의 사상이 지금도 밤하늘의 별처럼 빛나고 있다는 이야기다. 도대체 보리 말고는 먹을 게 없던 그리스에서 어떻게 이런 지성이 싹틀 수 있었을까?

가난하고 척박한 그리스

그리스 지리는 참 우리나라와 닮았다. 반도인 데다 산지와 섬이 많다. 그런데 그리스는 우리보다 상황이 나쁘다. 그리스는 산지가 80퍼센트로 우리나라의 70퍼센트보다 많다. 게다가 20퍼센트에 불과한 평지는 석회암 지대로 표층토가 얇다. 지력이 필요한 밀농사보다는 보리농사에 적합하다. 보리는 인간의 배고픔을 해결해주기에는 영양도 맛도 부족했다. 한마디로 그리스는 가난했다. 배고픈 그리스인은 살기 위해 바다로 뛰어들었다. 모험이 아니라 생존이었다. 게다가 기원전 9세기부터 그리스 인구는 2배 이상 급속도로 늘었다.

그리스인은 기원전 8세기부터 페니키아인에게 배운 대로 식민지의 광산을 개발해 화폐를 만들었고 곡물을 비롯해 특산품을 본국으로 나르거나 다른 나라에 파는 삼각무역에 눈을 떴다. 따지기 좋아하고 매사 삐딱한 그리스인은 적성에 꼭 맞는 상업과 무역에 종사하기 시작했다. 덕분에 그들은 보리로 된 빵 마자maza가 아니라 밀로 된 빵 아르토스artos를 먹을 수 있었다. 기원전 6세기 전까지만 해도 아르토스는 평소에는 맛보기 힘든 음식이었다. 우리나라 서민들이 평소 보리밥을 먹다가 명절 때 소고기 국에 쌀밥을 먹던 것과 비슷했다.

폴리스 가운데 아테네는 상업 활동이 가장 활발한 도시였

그리스는 산이 많고 척박한 땅이다. 국토의 80퍼센트가 산이고 심지어 지력도 약해 농사가 잘 되지 않는다. 하지만 이 척박한 땅에서 민주주의가 시작되었다.

다. 특히 아테네는 시민이 정치에 참여하는 직접민주주의를 실시하던 폴리스였다. 인류 최초로 아테네에서 민주주의가 시작된 것은 당시에는 특이하게도 사유재산을 인정한 덕분이었다. 2,000여 년 뒤 로크가 비로소 정리하고 옹호한 사유재산의 개념을 아테네가 이렇게 빨리 도입했던 것은 '게오르고스georgos'로 불리던 소농들 덕분이다.

 소농들은 땅 부자인 귀족이 별 관심을 두지 않던 아테네 외곽 아티카 언덕의 척박한 땅을 개간하고 거기에 보리를 키워 가족을 부양했다. 그들은 종교의 자유와 땅을 찾아 미국으로 건너간 프로테스탄트처럼 끊임없이 참정권과 재산권을 요구했다. 미국이 1776년 독립전쟁으로 세계 최초로 귀족을 배제하고 사유재산을 인정한 헌법을 만들었다는 점을 감안하면 아테네의 소농은 진정한 혁신가였다.

그리스 공동체들은 기원전 7세기 무렵 중동의 패권 국가 아시리아에서 건너온 것으로 보이는 중장 보병 밀집 전술을 도입해 발전시켰다. 투구와 갑옷으로 중무장한 보병이 어깨를 맞댈 정도로 밀집한 뒤 원형 방패로 몸을 최대한 가리고 3미터에 이르는 긴 창과 긴 칼을 들고 전진하는 방식이다. 팔랑크스phalanx로 불린 전투 대형은 등껍질이 단단한 거북이가 긴 창을 꽂고 전진하는 모양새다. 팔랑크스는 전진 속도가 느렸지만 앞에 있는 것은 모조리 부수고 지나갔다. 그게 적이건 귀족이건 말이다. 팔랑크스는 『일리아스Ilias』에 묘사되었던, 귀족이 주도하고 평민은 시종으로 따라나서던 전쟁을 평민 주도의 전쟁으로 바꾼 분수령이 되었다.

그리스 폴리스들은 이 전술을 앞다투어 도입했다. 그만큼 죽거나 다치는 병사도 많았다. 전쟁에 참여했던 시민들은 폴리스를 위해 목숨을 건 대가로 정치 참여를 요구했다. 폴리스 간의 경쟁이 치열했던 상황이어서 귀족은 이를 들어줄 수밖에 없었다. 그리스에 민주주의를 뿌리내리게 한 것은 고된 노동과 목숨을 건 전쟁을 감당해야 했던 소농을 포함한 시민들이었던 셈이다.

직접민주주의는 농민이 만들었다

기원전 594년 솔론의 개혁은 소농의 바람을 현실로 만들었다. 솔론은 지금의 수상에 해당하는 단독 아르콘archon으로 선출되었다. 당시 아테네는 귀족 간의 세력 다툼으로 내분이 이어졌고 시민의 절반가량은 노예로 전락한 위기 상황이었다. 솔론은 귀족과 평민의 합의로 구원투수로 등판한 것이다.

솔론의 아이디어는 획기적이었다. 그리스는 물론 세계 모든 나라에 있던, 부채를 변제하지 못하면 노예가 된다는 관습법을 폐지한 것이다. 솔론의 이 같은 정책은 노예가 될 위기에 처한 서민을 병역과 납세의 의무가 있는 시민이 되게 하려는 것이었다. 조그만 잘못으로도 시민권을 박탈해버리던 스파르타와는 큰 차이가 있다.

솔론은 화폐개혁도 단행했다. 그는 1미나(500그램)의 은이 73드마크라의 가치가 있다고 정해져 있던 것을 100드마크라로 바꾸었다. 의도적인 평가절하를 시도한 것이다. 요즘 같으면 환율 조작국으로 세계무역기구WTO에 제소되었겠지만 당시에는 매우 기발한 정책이었다. 화폐 평가절하는 무역에 의존하는 아테네에는 자국 상품의 경쟁력을 키우는 일이었고, 시민들의 부채를 저절로 25퍼센트 경감하는 효과가 있었다. 솔론은 40세까지 그리스 주변 해외 식민지를 돌면서 무역을 했기 때문에 경제에 높은 식견이 있었다. 통화량이 늘고 시민의 부채가 줄어들자 아테네의 상업은 빠르게 성장했다.

당연히 솔론은 연임되었다. 그는 3년 뒤 그리스 남자 시민의 계급을 오직 재산을 기준으로 4계급으로 새롭게 나누었다. 수입은 농산물의 양으로 계산했는데, 기준 단위는 메딤노스 medimnos였다. 메딤노스는 보리나 올리브 52리터에 해당한다. 이른바 '금권정치의 탄생'이었지만 솔론의 노림수는 따로 있었다. 아테네 시민은 누구나 능력만 있다면, 귀족이 독차지한 1~2계급이 될 수 있게 한 것이다. 당시 1만 명이었던 시민 중 1,000여 명에 불과했던 1~2계급에서만 아르콘이 선출되었고, 1~2계급만 재판에 참여할 수 있었다. 하지만 이 정책 이후 아테네에서는 누구나 능력만 있다면 정계와 사법부에 진출할 수 있게 되었다.

솔론 이후에도 아테네에서는 귀족에 대한 견제가 지속적으로 시도되었다. 귀족의 땅을 나누어 농민에게 주는가 하면, 행정구역을 개편해 귀족의 지역 기반을 해체했다. 농민·상공인은 물론 무산계급의 정치 참여를 보장했다. '중우정치', '빈민 정치'라는 비판도 있었지만 이런 지속적인 개혁으로 아테네는 민회에서 국가의 중요한 의사 결정을 할 뿐 아니라 정치·행정·사법에 시민이 직접 참여하는 직접민주주의를 구현했다. 기원전 508년쯤 시작된 이런 아테네의 실험은 기원전 338년 아테네가 마케도니아에 합병된 이후까지 170년가량 지속되었다.

페르시아 밀, 그리스 보리에 고개 숙이다

아테네 민주주의의 힘은 기원전 490년 그리스와 페르시아의 전쟁에서 증명되었다. 페르시아는 아시리아를 이어, 농업의 발상지이자 토양이 비옥해 에덴동산으로 비유되었던 비옥한 초승달 지대를 차지한 당시 최대 제국이었다. 아테네가 민주주의를 실험할 때 페르시아는 정복 사업에 나섰다. 페르시아는 기원전 539년 바빌로니아, 기원전 525년 이집트를 집어삼키고 파죽지세로 아시아의 끝인 아나톨리아반도까지 밀려들어왔다. 아테네와 스파르타 등은 '왕 중의 왕' 다리우스 1세Darius I의 속국 요구를 거부했다.

다리우스는 이에 기원전 491년 2만 명의 정예병을 보내 그리스 본토 침공에 나섰다. 제1차 페르시아전쟁이었다. 아테네는 기원전 490년 주변 폴리스들과 함께 1만 명의 중무장 보병을 이끌고 마라톤 평야에서 30여 년간 무패를 자랑하던 페르시아군에 맞섰다. 수적 열세에도 홈그라운드의 이점을 활용해 아테네 연합군은 페르시아군에 승리를 거두었다. 그리스 역사학자 헤로도토스는 "페르시아 전사자가 6,400명에 달했고 그리

그리스-페르시아 전쟁은 서양의 동양에 대한, 민주정의 황제정에 대한 승리였을 뿐 아니라 밀에 대한 보리의 승리이기도 했다.

스군 전사자는 192명뿐이다"라고 적었다.

10년 뒤인 기원전 480년, 다리우스가 죽고 그의 아들 크세르크세스Xerxes I가 또다시 대군을 이끌고 침략했다. 페르시아 원정대가 180만 명의 대군이었다는 기록도 있지만 당시 인구 등을 감안하면 20만 명으로 추정된다. 그리스 폴리스 연합군은 2만 명에 불과했다. 규모만 놓고 보면 계란으로 바위 치기였다. 전쟁 초기 아테네 주민이 모두 섬으로 피난을 가야 할 정도로 그리스 연합군은 페르시아군에 밀렸다. 그러나 그리스는 그해 9월, 겨울이 오기 전에 철군하려던 페르시아군 함선 1,000여 척을 300여 척의 배로 아테네 남쪽 살라미스섬 앞바다에서 격파해 전세를 역전시켰다.

그리스와 페르시아의 전쟁은 여러 면에서 상징적이다. 동양과 서양이 맞붙은 최초의 전쟁이었고, 전제주의와 민주주의 간의 최초의 전쟁이었다. 그리고 밀과 보리의 전쟁이었다. 페르시아는 그리스를 '한 줌 보리'라고 불렀다. 밀이 나는 풍요의 나라 페르시아가 바위투성이 땅에서 보리를 먹는 가난한 그리스에 완패를 당한 것이다. 그리스 시인 헤시오도스Hesiodos는 "페르시아 땅은 그리스보다 600배 풍요롭다"고 말한 바 있다.

600배나 풍요로운 나라가 가난한 나라에 패배한 이유는 간단하다. 페르시아의 군인은 노예거나 정복된 속주의 피지배층이었다. 반면 그리스의 중심 세력인 아테네 군인은 공동체를 대표하는 시민이었다. 마지못해 전쟁에 나선 '바위'를 자유를 위해 반드시 이겨야 하는 '계란'이 깨뜨려버린 것이다. 헤로도토스는 "페르시아인들은 노예 상태에 대해서는 잘 알지만 자유에 대해서는 아는 바가 없다. 만일 조금이라도 자유의 맛을 보았다면 그들은 그리스인들에게 창뿐 아니라 도끼까지 들고 자유를 위해 싸우라고 조언했을 것이다"라고 적어놓았다.

아테네는 페르시아전쟁에서 승리한 뒤 페르시아군이 불태운 도시에 파르테논 신전과 아크로폴리스를 만들어 지금까지도 수많은 관광객을 불러 모으고 있다. 또 인간의 아름다운 육체를 구현한 그리스 미술이나, 운명의 매서움에 카타르시스가 느껴지는 그리스 비극도 이 시기 아테네에서 완성되었다. 당시 아테네의 인구는 노예까지 포함해 24만 명에 불과했다. 노예제와 여성 배제 등 결함도 분명히 존재하지만, 아테네만큼 이렇게 적은 인원으로 인류에게 영향을 준 국가나 도시는 없었다.

'꽁보리' 스파르타, '반보리' 아테네를 이기다

그러나 페르시아를 물리친 아테네는 스파르타와 벌인 펠로폰네소스전쟁에서 패배해 스파르타의 속국이 되었다. 그리스의 두 골목대장인 스파르타와 아테네는 180도 달랐다. 스파르타는 사유재산을 부정하고 상업을 허락하지 않았다. 전사가 될 수 없는 장애인이 태어나면 절벽에 던져버렸고 아이들은 7세부터 겨울을 제외하고는 벌거벗은 채 아고게agoge라는 집단 교육을 받아야 했다. 여자아이도 예외는 아니었다. 결혼을 해도 30세까지는 남자들끼리 공동생활을 했고 부인은 몰래 만나야 했다. 남자는 농사도 지어서는 안 되었고 여행도 허락되지 않았다. 스파르타인의 관심은 오로지 전사가 되는 것이었다. 기원전 8세기 리쿠르고스Lycurgos가 만든 것으로 알려진 스파르타의 이 법은 스파르타가 망할 때까지 유지되었다.

이렇게 시대착오적인 스파르타가 시대를 이끌어가던 아테

아테네 중심의 델로스 동맹과 스파르타 중심의 펠로폰네소스 동맹 사이에 일어난 긴 전쟁은 결국 스파르타의 승리로 끝났다. 그림은 전쟁 후반기 시라쿠사에서 전멸당한 아테네군을 그린 것이다. 이 패배로 전쟁의 향방이 명확해졌으며, 아테네는 쇠퇴하기 시작했다.

네를 붕괴시켰다. 뒷골목 건달이 국회를 점령한 꼴이다. 영국의 철학자 버트런드 러셀Bertrand Russell은 『서양철학사』에서 "스파르타가 아테네를 이긴 것은 나치가 자유로운 미국에 승리한 것과 마찬가지다"라고 말했다.

똑같이 보리를 먹었지만 스파르타가 아테네와 정반대의 길을 걸은 것은 생산력이 넉넉했기 때문이다. 스파르타는 폴리스 가운데 가장 넓은 8,400제곱킬로미터의 땅이 있었다. 보통 폴리스의 땅은 50~100제곱킬로미터에 불과했다. 아테네(2,600제곱킬로미터)와 코린토스(880제곱킬로미터)도 예외적으로 컸지만 스파르타보다 작았다. 현재 서울시의 면적이 605제곱킬로미터니, 스파르타의 규모를 짐작해볼 수 있다.

넓은 땅을 가졌지만 상업을 등한시하고 경직된 군사 문화가 지배했던 스파르타의 먹거리는 초라했다. 주식은 딱딱한 보리빵과 블랙 수프였다. 돼지 다리와 돼지 피로 만든 블랙 수프의 이름은 조모스zomos였는데 역한 냄새로 악명이 높았다. 전사에게 쾌락은 경계의 대상이었고 음식도 예외가 아니었다. 다른 폴리스에서 "스파르타가 죽음을 무릅쓰고 싸우는 이유는 역겨운 조모스 탓"이라고 조롱할 정도였다.

스파르타가 꿀꿀이죽 같은 조모스를 먹어가며 전사를 키운 것은 아테네나 테베 등을 의식해서가 아니었다. 스파르타는 기원전 720년 메시니아를 정복하고 주민을 노예로 삼았다. 노예가 된 메시니아인들은 헤일로타이heilotai라 불렸다. 그러나 기원전 650년 헤일로타이들이 인접 도시의 지원으로 대규모 반란을 일으켰고 스파르타는 가까스로 승리했다. 스파르타가 여성에게도 무술을 가르친 것은 같은 집에서 함께 생활하고 있는 노예의 반란을 의식해서였다. 스파르타는 내부의 적 때문에 군국주의의 길을 걸은 것이다.

스파르타는 어떤 폴리스보다 보리를 사랑했다. 그러나 그들은 보리가 땅에 떨어져야 많은 열매를 맺는다는 것을 알면서도 보리를 쥔 손을 펴지 않았다. 혁신 대신 노예를 착취해 얻은 한 줌 보리로 만든 거친 빵을 쪼개 먹으며 전쟁 연습에 몰두하는 것을 영광스러운 전통으로 내세웠다. 이는 가난과 폭정을 무한 반복하면서도 명분과 의리를 내세워 개혁을 외면해온 조선을 비롯한 수많은 전제 국가의 전형적인 모습이다.

한국까지 이어진 스파르타의 전통

스파르타의 실력은 그리스 패권을 장악한 뒤에 여실히 드러났다. 상업 국가인 아테네를 속국으로 거느리고 있으면서도 농업 경제 시스템을 바꾸지 않아 아테네의 산업 기반을 붕괴시켰다. 그리스 문명의 한 축인 에게해 건너편 소아시아 이오니아 지역의 식민 도시를 페르시아에 넘겨주는 등 그리스 입장에서 보면 반역 행위를 서슴없이 저질렀다. 이에 반기를 든 아테네·테베·코린토스 등 폴리스가 연합해 스파르타와 맞서면서 내전은 계속되었다. 결국 그리스는 기원전 338년 그들이 대표적인 야만인으로 꼽던 마케도니아의 필리포스 2세Philippos II에게 함락되었다. 필리포스 2세는 알렉산드로스 대왕의 아버지다.

　그렇지만 고대 그리스의 몰락을 가져온 스파르타에 우호

적인 평가가 적지 않았다. 『군주론』을 쓴 니콜로 마키아벨리 Niccolo Machiavelli는 『로마사 논고』에서 "군주·귀족·평민은 모두 헌법상 제각기 맡은 역할을 해야 하는데 스파르타의 법이 가장 완벽하게 균형을 구했다. 아테네 솔론의 법은 지나치게 민주주의 조항으로 구성되어 참주 정치를 불러왔다"고 평가했 다. 강력한 국가를 소망했던 마키아벨리에게 민주적인 아테네 보다는 혹독한 스파르타가 간절했던 모양이다.

　인권 탄압국 스파르타에 찬양이 쏟아져 나왔던 것은 1세기 플루타르코스Ploutarchos의 『영웅전』 탓이 크다. 이 책은 플라톤 의 『국가』에 등장하는 '철인이 다스리는 이상 국가'를 스파르타 가 구현했던 것처럼 써내려갔다. 플라톤은 자신의 스승 소크라 테스에게 사형 판결을 내린 아테네의 민주정치를 경멸했다.

　『국가』와 『영웅전』은 수 세기 동안 강력한 왕권 국가를 꿈꾸 던 유럽의 정치인들에게 큰 영향을 미쳤다. 영향을 받은 이들 가운데에는 프랑스 계몽주의자와 미국 독립운동가도 있었다. 스파르타는 어떤 관점에서 보느냐에 따라 다양한 해석이 가능 했다.

　너무나 달랐던 아테네와 스파르타를 이분법적으로 나누기 보다 각각 필요한 부분을 절묘하게 취했던 나라도 있다. 근대 의 영국이다. 양털이나 수출하던 유럽의 가난한 나라 영국이 17세기부터 강대국이 된 비결은 아테네처럼 바다로 뛰어들었기 때문이다. 중상주의 정책을 취하고 해군력을 키운 것도 아테네와 닮았다. 가장 먼저 근대적인 민주주의를 도입하고 세계 최초로 노예제를 폐지한 나라도 영국이었다.

17세기 유럽에는 1,000개의 국가가 존재했으나 200년이 지난 뒤에는 40~50개로 통합되었다. 기원전 5세기에서 기원전 2세기 지중해 인근의 정세와 비슷하다. 영국은 이 시기 아테네식의 정치·경제개혁으로 유럽에서 가장 앞서 나갔다.

그러나 영국인은 아테네의 정치·경제 시스템에 스파르타의 정신을 이식했다. 기숙학교를 만들고 학생에게 럭비를 시켜 진흙탕에서 뒹굴게 했다. 그들이 먹던 음식은 스파르타처럼 맛이 없었다. 지금도 유럽에는 "지옥의 요리사는 영국인"이라는 농담이 있을 정도다. 실제 영국은 스파르타처럼 쾌락보다는 절제와 명예를 존중하는 전통을 강조해왔다.

아테네와 스파르타를 적절하게 섞어놓은 영국은 20세기 초까지 세계 제일의 부강한 나라로 성장했다. 후발 자본주의 국가는 물론 중국과 같은 반봉건 국가들에도 영국은 벤치마킹의 대상이었다. 그러나 민주주의가 낯선 여러 국가는 스파르타의 전통에 경도되었다. 나치와 일본 제국주의가 대표적이다. 사회주의국가인 스탈린 시대 소련과 지금의 북한도 스파르타와 닮았다.

19세기 말부터 일본식 자본주의에 직접적인 영향을 받은 우리나라도 스파르타의 전통이 강하다. 세계 최장의 노동시간, 획일화된 학교 교육, 고루한 서열 문화 등은 찬란한 아테네보다는 칙칙한 스파르타를 떠올리게 한다. 무엇보다 수능이나 토익 따위에 청춘을 소진하는 젊은이들은 전사가 되기 위해 집단 생활에 내몰린 스파르타 젊은이들과 닮았다.

먹는 것도 비슷하다. 잡코리아 등이 취업 준비생 1,147명을 대상으로 2017년 6월 설문 조사한 결과를 보면, 삼시 세끼를 꼬박꼬박 챙겨 먹는 취업 준비생은 17퍼센트에 불과했다. 이들이 가장 자주 사 먹는 식사 메뉴는 편의점 도시락과 삼각 김밥(23.7퍼센트)이었다. 조모스와 딱딱한 보리 빵을 먹던 스파르타 전사의 한 끼를 떠올리게 한다.

6

멸치젓,
로마제국의 젖줄이 되다

"나는 폴리비우스가 조영관aedilis(로마 지방의회 관리)으로 뽑혔으면 좋겠다. 그는 우리에게 맛있는 빵을 공급해준다."

• 폼페이 유적의 낙서

하찮은 물고기의 권능

멸치라는 이름에는 작고 보잘것없다는 뜻이 포함되어 있다. 다산 정약용의 형 정약전은 우리나라 최초의 어류 도감으로 불리는 『자산어보玆山魚譜』에서 멸치에 대해 "몸이 매우 작고 큰 놈은 서너 치, 빛깔은 청백색이다"라고 적어놓았다. 정약전은 그래서 이 물고기가 '업신여길 멸' 자를 써서 멸어蔑魚나 소어小魚라고 불린다고 덧붙였다.

그런데 중국을 섬기던 작은 나라 조선에서조차 무시했던 작은 물고기 멸치는 거대한 로마제국을 움직이는 모세혈관 역할을 했다. 지금까지 빵이 로마를 먹여 살렸다는 연구는 많았다. 하지만 작은 멸치와 같은 지중해 생선이 고대 로마제국을 먹여 살렸다는 점은 잘 알려지지 않았다.

로마제국의 흥망을 함께한 멸치

작은 멸치의 큰 권능을 살피려면 먼저 시선 교정이 필요하다. 우리는 고대 로마제국에 일종의 환상을 갖고 있다. 18세기 이후 서구가 세계의 주류로 떠오른 뒤, 로마에 대해 쏟아낸 찬사는 과할 정도로 넘친다. 독일의 역사가 레오폴트 폰 랑케Leopold von Ranke는 "모든 고대사는 이를테면 많은 개울이 호수로 흘러가듯이 로마의 역사로 흘러들어가고 모든 근대사는 다시 로마로부터 흘러나왔다"고 말했다. 이런 로마 찬양은 일본 출신으로 이탈리아에서 활동 중인 작가 시오노 나나미鹽野七生의 『로마인 이야기』 덕분에 우리나라에서도 낯설지 않다.

그러나 로마의 실체는 노예제를 기반으로 한 전쟁 국가였다. 전쟁에 승리해 전리품과 노예가 확보되면 노예의 노동력을 토대로 다시 전쟁을 벌였다. 대부분 농민이던 로마의 시민군은 수백 년 동안 이 지겨운 무한 반복을 묵묵히 따랐다. 동맹국과 속주屬州의 시민 역시 전쟁에 참여했다. 그들은 애국심으로 무장한 '전쟁 기계'였다.

그러나 전쟁에 참여한 시민에게 돌아온 것은 황당한 현실이었다. 시민이 전쟁에 나간 사이 귀족이 시민의 토지를 독점했다. 토지 독점이 가장 활발했던 시기는 아이러니하게도 로마가 민회와 원로원이 절대왕정을 견제하기 위한 대의 민주주의 체

작은 크기에 '업신여겨도 될 생선'으로 불린 멸치는 사실 로마제국을 움직이며 서양 고대사를 이끌었다.

제를 만들어가던 기원전 2세기 공화정 때였다.

'강성 대국'이라는 허울 좋은 구호 아래 토지를 잃은 농민들이 로마로 밀려들었다. 로마 시민의 99퍼센트는 빈민이었고 굶주림을 걱정해야 했다. 이게 로마제국의 민낯이다. 번영하면 번영할수록 불안해지는 것이 로마의 숙명이었다. 노예제와 귀족정, 군사독재라는 최악의 정치·경제 시스템은 어떤 개혁도 불가능하게 했다.

그런데 로마 정부는 개혁에 나서지 않고 시민에게 공짜 빵을 돌렸다. 시민들은 정치인이 던져준 공짜 빵을 짜고 냄새나는 생선젓인 가룸garum에 찍어 먹었다. 가룸은 멸치를 비롯해 전갱이·고등어 등 지중해에서 흔히 잡히는 생선으로 만들었다.

스페인 남부 산타폴라에서 발견된 4세기의 가룸 유물. 산타폴라 해양박물관 소장.

가룸은 오늘날 이탈리아 지역에서 즐겨 먹는 올리브유와 소
금에 절인 안초비anchovy와는 다르다. 오히려 냄새가 짙은 동남
아시아의 생선젓과 비슷했다. 가룸은 고대 로마에서 가장 값
싼 음식의 하나로, 서민의 주요한 단백질 공급원이었다. 로마
시민들은 공화정 말기부터 공짜 빵에 값싼 가룸을 찍어 먹으며
영광스럽던 로마의 붕괴를 지켜보아야 했다.

빵과 가룸은 단순히 먹거리가 아니라 로마의 역사를 상징한
다. 그러나 구수한 빵과 냄새나는 가룸의 역할은 묘하게 달랐
다. 빵은 무상이었지만 가룸은 돈을 내고 사먹어야 했다. 요즘
에 비유한다면 빵은 동주민센터에 무상으로 받아오지만 가룸

은 시장에서 구매해야 했다. 빵은 정치고 가룸은 경제였던 셈
이다.

그런데 빵은 지금도 서양 문명을 상징하지만, 가룸은 잊혔
다. 서로마제국이 멸망한 뒤 가룸이란 단어는 서유럽에서 완벽
하게 사라졌다. 심지어 가룸에 대한 역사적 기록도 고약한 냄
새를 타박하는 문필가들의 신변 잡담 같은 기록을 제외하고는
드물다. 로마인에게 로마의 자부심과 지중해의 풍요로움을 환
기해주었던 가룸은 어떻게 흔적도 없이 사라졌을까? "로마의
역사는 지중해의 역사"라며 찬탄해 마지않던 서양인들은 왜 지
중해를 떼 지어 헤엄치던 멸치의 수고를 잊었을까?

로마는 빵으로 이루어졌다

로마는 지중해의 다른 나라에 견주어 빵을 늦게 접했다. 로마
는 기원전 2세기 동지중해의 패권 국가였던 마케도니아를 정
복하기 전까지 밀로 만든 빵의 존재를 잘 몰랐다. 로마인들은
대신 가난한 다른 유럽 사람들과 마찬가지로 보리죽을 먹었다.

그리스는 기원전 6~7세기부터 빵을 먹었고 무역이 활발했

던 5세기부터는 빵을 흔하게 접했다. 로마의 문명이 그리스보
다 한참 늦었음을 보여주는 대목이다.

로마가 빵맛을 알고 빵을 찾아 바다로 나서는 대열에 합류한 것은 지독하게 오래 끌었던 이탈리아반도의 통일 전쟁 때문이었다. 로마는 기원전 753년 건국해 이탈리아반도를 통일한 기원전 272년까지 무려 500년 가까이 전쟁을 겪었다. 중국의 춘추전국시대를 생각하면 된다. 중국의 춘추전국시대도 기원전 770년부터 기원전 221년까지 펼쳐졌다.

하지만 늦깎이 로마는 빵의 역사를 새롭게 썼다. 그리스인처럼 똑똑하지 않고 켈트족보다 체력이 좋지 않고 카르타고인처럼 셈이 빠르지 않던 로마인이 그리스와 카르타고를 비롯해 유럽을 정복할 수 있었던 것은 다른 나라의 제도를 흡수하는 데 탁월한 능력을 보였기 때문이다.

티베르 강가의 7개 언덕에서 시작한 작은 국가 로마가 이름을 널리 알리게 된 것은 스파르타의 후손인 사비니인과의 동맹을 맺으면서였다. 로마의 시조인 로물루스Romulus는 그때까지 쓰던 로마의 소형 방패를 버리고 훨씬 큰 사비니의 원형 방패를 쓰기로 했다. 로마인은 적의 장점도 자신보다 낫다고 판단하면 자신의 것을 주저 없이 포기하는 실용적인 사람들이었다.

빵도 마찬가지였다. 로마는 이집트의 속이 텅 빈 빵과 차원이 다른 빵을 만들기 시작했다. 로마는 벽돌 오븐을 이용해 2차원에 머물던 빵에 3차원의 입체감을 부여했다. 로마가 없었다면 지금도 세계는 이집트의 아이시ashy와 비슷한 납작한 빵을 먹고 있을지도 모른다.

빵 모양만 새롭게 만든 것이 아니었다. 빵에 정치적 의미를 부여했다. 빵은 로마를 움직이는 원동력이자 제국의 안전망이었다. 로마는 가난한 시민에게 빵을 무상으로 공급했다. 로마에서만 하루 30만 명 이상에게 빵을 공급할 정도였다. 빵을 배급받을 권리는 상속되기도 했다. 공화정 시절 시작된 빵 배급은 황제정 때도 이어졌고 로마가 멸망하기 전까지 계속되었다. 그리스 아테네가 가장 가난한 시민에게 투표권을 주면서 직접민주주의를 일구었다면, 로마는 빈민에게 빵을 던져주면서 제국을 유지했다. 당연히 빵을 만드는 제빵사는 로마의 국가공무원이었다.

땅 대신 빵을 나누어주다

로마는 왜 시민에게 빵을 무상으로 나누어주어야 했을까? 고대그리스와 로마에서 전쟁은 노예가 아니라 시민이 수행하던 신성한 의무였다. 국가는 전쟁에 참여한 시민에게 토지를 주어야 했다. 하지만 민주주의의 성지인 그리스에서도 토지를 나누어준 폴리스는 스파르타밖에 없었다.

로마는 공화정 초기에 참전 용사에게 토지를 나누어주기도 했다. 하지만 이들에게 나누어줄 기름진 토지는 산지가 많은 이탈리아반도에 많지 않았다. 참전 용사인 시민은 당연히 자신의 권리를 주장했다. 로마의 지배 세력은 평민의 의사 기구인 민회를 만들어주었고 평민 가운데에서도 집정관이 나오게 법을 바꾸었다. 땅과 권리를 요구한 시민이 로마를 공화정으로 진화시킨 것이다. 그리스의 폴리스들이 소작농의 요구를 받아들여 직접민주주의를 실현했던 것과 비슷한 과정이다. 왕이 모든 것을 갖는 왕토사상王土思想을 당연시했던 동양의 전제주의와는 큰 차이였다(103쪽, 「그리스 보리밭에서 자라난 민주주의」참조).

로마가 이탈리아반도를 통일하고 카르타고와 마케도니아에 연전연승한 비결은 시민들이 자신이 만든 나라를 위해 싸운다는 애국심에 있었다. 고대 로마의 역사가 티투스 리비우스Titus Livius가 142권이나 되는 『로마 건국사』머리말에 "로마가 세상에 알려진 모든 부분을 하나의 지배권으로 가져오는 전대미문의 위업은 국체國體의 성격과 시민의 애국심이다"라고 말한 것도 이런 까닭이다.

하지만 시간이 지날수록 땅은 귀족에게 집중되었고, 수백 년 동안 로마를 위해 목숨을 걸고 싸워온 시민은 좌절할 수밖에 없었다. 그럼에도 법 제정과 재판을 맡았던, 귀족으로 구성된 원로원은 권력은 나누어주어도 토지를 나누어주지 않으려 했다. 귀족들은 땅을 내놓지 않았고, 땅을 내놓으라고 했던 티베리우스 그라쿠스를 많은 사람이 보는 앞에서 살해했다. 그라쿠스는 보수주의자들의 손에 처참하게 죽었지만 시민들은 그를 농업의 신으로 추앙했다. 이에 두려움을 느낀 로마의 지배 세력은 시민에게 토지 대신 빵을 나누어주기 시작했다.

빵을 공급하려면 밀이 필요하다. 로마는 밀을 전쟁으로 충당했다. 전쟁은 노예제 생산양식의 고대국가가 택할 수 있는 몇 안 되는 선택지였다. 로마의 첫 희생양은 시칠리아였다. 하지만 시칠리아의 서쪽은 카르타고가 지배하고 있었고, 동쪽은 그리스 코린토스의 식민 도시였다. 페니키아의 후손인 카르타고는 지중해 패권 국가였고 코린토스는 아테네와 어깨를 나란히 하던 무역 강국이었다. 반면 로마는 변변한 배 한 척 없던 육군의 나라였다. 그렇지만 원로원과 시민이 똘똘 뭉친 로마는 망설임이 없었다.

그 결과 이탈리아반도 통일 후 8년 만인 264년, 로마는 이후 무려 120년가량이나 계속된 포에니전쟁을 시작했다. 포에니 poeni라는 말은 라틴어 'Poenicus'에서 왔는데, 페니키아인이라는 뜻이다. 카르타고가 소아시아에 살던 페니키아인이 건설한 도시였기 때문이다. 로마는 기원전 146년 제3차 포에니전쟁에서 승리하며 긴 전쟁의 종지부를 찍었다. 로마는 긴 전쟁의 대가로 노예 수십만 명과 함께 시칠리아와 이스파니아(에스파냐)라는 빵 창고를 얻었다. 그리고 로마는 비슷한 시기 그리스를

로마와 카르타고는 약 120년에 걸친 긴 전쟁을 벌였다. 전쟁에서 승리한 로마는 지중해의 '빵 창고'를 획득했다. 그림은 2차 포에니전쟁을 결정지은 자마 전투를 그린 것으로, 로마군이 카르타고의 코끼리 부대를 상대하고 있다.

복속시킨 마케도니아까지 점령했다. 로마는 그들이 한때 존경해 마지않던 그리스인을 노예로 부리게 되었다.

이로써 로마는 지중해의 패권을 완전히 장악했다. 이제 남은 것은 '지중해의 빵 창고'라고 불리는 이집트였다. 이집트를 장악하는 사람은 로마에서 불멸의 스타가 될 수 있었다. 이집트는 지구 상에서 발효된 빵과 빵을 굽는 진흙 오븐을 처음으로 만든 '원조 빵 창고'였다.

기원전 1세기 이집트를 노리던 로마는 제국의 조짐을 보였다. 로마의 야전 사령관들에게 전쟁은 유명 정치인이 되는 지름길이었다. 까다로운 원로원은 정치군인은 내전이 아닌 경우 적어도 5,000명을 살상해야 한다고 명시했다. 공화정의 자부심과 로마군의 용맹함은 해외 정복이 300년 가까이 계속되면서 변질되기 시작했다. "로마의 해악은 분열이 아니라 번영이었다"라는 프랑스 계몽주의 사상가 몽테스키외Montesquieu의 지적은 여기서 나온 것이다.

번영이 가져온 로마의 쇠락

왕을 칭하는 자(참주)를 살해하는 것을 시민의 의무라고 가르쳤던 그리스의 전통은 로마에도 있었다. 로마는 그리스와 마찬가지로 왕정을 없애고 공화정을 도입했고 그 결과 지중해의 패권을 잡았다. 그러나 에게해와 동지중해 일부를 차지했던 그리스와 달리 로마의 패권은 너무 컸다. 빵으로 대중의 지지를 얻는 데 성공한 정치인은 황제가 되고 싶었다. 하지만 그 말을 입 밖으로 꺼내는 순간 목숨을 내놓아야 했다.

그래도 목숨을 내놓고 권력에 도전하는 이들은 있었다. 공화정 말기인 기원전 59년 등장한 삼두정치가 대표적이다. 갈리아를 정복한 카이사르Gaius Julius Caesar와 해적을 소탕한 폼페이우스Magnus Gnaeus Pompeius, 그리고 스파르타쿠스가 주도한 노에 반란을 진압한 크라수스Marcus Licinius Crassus가 권력을 놓고 다투기 시작했다. 카이사르가 경쟁에서 최종 승리했지만, 공화정을 무너뜨리려 한다는 이유로 살해되었다. 하지만 로마의 정치·경제 구조상 황제의 등장은 필연적인 것처럼 보였다. 카이사르의 양아들인 옥타비아누스Gaius Julius Caesar Octavianus는 지중해의 빵 창고 이집트를 정복하고 개선했다. 그러나 그는 황제라는 칭호를 받는 대신 '제1 시민'으로 자신을 낮추었다. 카이사르를 죽였던 원로원은 옥타비아누스에게 존귀한 자라는 뜻의 칭호 '아우구스투스Augustus'를 선물했다.

　사실상 황제였던 옥타비아누스는 살아서 이집트를 사유화했고 거기서 얻은 빵을 대중에게 무료로 나누어주면서 최고의 인기를 구가했다. 빵 5개와 물고기 2마리로 굶주린 백성에게 기적을 행한 예수가 로마 식민지인 유대 땅에 등장하기 전까지, 옥타비아누스는 물리적으로 빵의 기적을 행할 수 있었던, 진정한 존귀한 자였다. 대중은 빵을 나누어준 황제에게 환호했고 로마 번영의 일등 공신이던 공화정은 쇠락했다.

빵만으로는 살 수 없다

그러나 인간은 빵만으로 살 수 없다. 빵이 제공하는 주된 영양분은 탄수화물이다. 지방과 단백질, 비타민 같은 무기질은 빵으로 공급할 수 없다. 정치의 힘은 탄수화물까지였다. 로마 시민의 뼈와 살은 빵만으로 채워진 것이 아니다. 로마인은 탄수화물 외에도 다른 영양분이 필요했다. 이런 영양분을 채워준 것은 원로원이 아니라 시장이었다.

로마의 시장은 지중해 전체였다. 로마는 지중해에서 밀과 함께 올리브유를 공급받았다. 기록을 보면 고대 로마인은 1년에 올리브유 19~23리터를 먹었다고 한다. 현대 미국인이 1년에 올리브유 0.5리터를 먹는 것과 대조적이다. 어쩌면 '고대의 미국' 로마 시민이 마가린과 버터로 지방을 보충하는 '현대의 로마' 미국 시민보다 건강했을지도 모른다.

그러나 근육과 장기를 이루는 단백질 섭취는 쉽지 않았다. 서양의 식탁에 단백질 공급원인 가축의 살과 우유가 풍족하게 공급된 시기는 유럽에서조차 지금으로부터 100여 년 전인 19세기 말일 정도로 고기와 우유는 귀한 음식이었다. 게다가 척박한 석회암 토양의 지중해 인근에서는 염소나 양처럼 작고 생명력 강한 가축을 키우는 것이 고작이었다.

배고픈 로마인은 자신보다 먼저 바다로 뛰어들어 빛나는 문명을 만든 그리스인의 식탁에서 영감을 얻었다. '보리의 나라' 그리스는 밀을 대부분 수입했다. 그리고 바다에 무궁무진한 어패류를 먹기 시작했다. 하지만 생선은 쉽게 상한다. 그리스인은 생선을 소금에 절인 액젓 가로스garos를 만들었다. 가로스는 그리스의 식민지였던 흑해 연안에서 시작되었다고 추정한다.

로마인은 그리스 신화에 기초해 로마 신화를 만들었듯이 가로스를 토대로 가룸을 만들었다. 가룸은 멸치를 비롯한 각종 생선에 소금을 넣어 만들었다. 주로 여름철에 3개월 정도 햇빛에 노출해 발효시켰는데, 엄청난 냄새로 악명이 높았다. 발효 뒤 맨 위에 뜬 맑은 갈색 액체를 걸러낸 것이 가룸이다. 가룸을 따르고 남은 생선 찌꺼기를 알렉allec이라고 불렀는데, 알렉은 가장 값싼 서민 음식이었다. 가룸은 지중해 사람들의 지혜가 만든 지중해 경제의 산물이었다.

가룸과 지중해 무역

가룸의 가장 큰 매력은 영양보다 맛이었다. 생선으로 만든 젓갈은 풍부한 감칠맛을 내는 천연 글루탐산glutamic acid의 보고다. 로마인은 가룸을 그냥 빵에 찍어 먹기도 했지만, 허브를 첨가해 산뜻하게 만들어 먹기도 했다. 우리나라 젓갈처럼 조미료로 쓰기도 했지만 소화제 등 약으로 썼다는 기록도 있다. 로마인들은 심지어 가룸을 술에 타서 먹기도 했을 정도로 가룸에 대한 애정이 남달랐다.

고대 박물학자인 대★ 플리니우스Gaius Plinius Secundus는 『자연사』에 "지중해에서 가장 흔한 멸치뿐 아니라 고등어, 참치 등 여러 종류의 물고기를 사용해 가룸을 만든다"고 적었다. 물고기의 종류에 따라, 또 고형물이 많고 적음에 따라 알렉, 무리murri, 리쿠아멘liquamen 등으로 불렸다. 가격 역시 천차만별이었다. 빈민이 먹던 것은 액젓의 국물을 건지고 남은 찌꺼기 알렉이었다. 반면 귀족이 가장 좋아했던 것은 이스파니아의 고등어로 만든 가룸이었다. 이 고급 가룸은 로마 시대 사치품 중 하나였던 포도주와 가격이 비슷할 정도였다.

고등어 가룸은 카르타고의 음식이었다. 그리스에서 시작해 카르타고가 발전시킨 생선 소스인 고등어 가룸이 로마제국에서 정점을 찍은 것은 당연하다. 로마는 지중해의 유일한 상업 국가였다. 로마의 허락 없이 지중해 무역은 불가능했다. 로마 허가 없이 무역을 했다가는 카르타고처럼 주민 모두 노예가 되고 땅에 소금이 뿌려질 것이었다. 로마는 서쪽으로 북아프리카의 카르타고를 정복하고 동쪽으로 마케도니아를 정복하면서 지중해 물류를 완전히 장악했다.

로마가 아무리 육지에 길을 잘 닦았다고 해도 몸집이 큰 상품은 대부분 물길로 옮겼다. 이를 위해 로마는 25킬로미터 떨어진 티베르강 하구에 인공 항구인 오스티아를 건설했다. 이 항구에서 지중해 서쪽 끝 지브롤터까지는 7일, 동쪽 끝인 이집트의 알렉산드리아까지는 9일밖에 걸리지 않았다. 지중해를 자기 집 앞 연못처럼 사용할 수 있는 로마가 상업에 적극적인 것은 당연했다. 덕분에 로마에는 이집트의 밀, 소아시아의 회향fennel, 인도의 후추 등 없는 것이 없었으며 중국의 비단까지 흘러들어왔다.

상업과 무역을 권장한 로마는 기원전 5세기에 벌써 12표법을 만들었다. 이 법은 민법적 요소가 강했는데, 평민의 요구로 귀족의 자의적인 법 집행을 막기 위해 만들어졌다. 로마의 법 관념은 1세기 초 아우구스투스부터 3세기 초 세베루스Septimius Severus 황제까지의 통치 기간에 더욱 발전했다. 우리가 알고 있는 로마법은 이 시기의 법률을 말한다. 18세기 이후 독일과 프랑스가 로마법에 기초해 법체계를 다듬었고 이 전통은 지금까지 전 세계에서 이어져오고 있다. "로마가 힘으로, 법으로, 마지막으로 그리스도교 공인으로 3번 세계를 지배했다"는 말이 나오는 까닭이다.

'지중해 합중국' 로마의 멸망

로마제국은 현대의 미국에 비유된다. 군사력과 경제력이 뛰어난 데다 다양한 민족을 아울렀기 때문이다. 그런데 로마는 싸움만 잘했던 것이 아니라 강한 경제력과 스펙트럼이 넓은 다양한 문화가 있었다. 지중해 주변의 모든 국가가 로마 덕분에 빵과 가룸을 올리브유에 찍어 먹고 포도주를 마셨다. 마치 미국인들이 코카콜라와 맥도날드를 먹는 것처럼 말이다. 일부 속주에서는 로마에서처럼 검투사 시합도 열었다. 물론 그리스 주변지역에서는 그리스어를 사용할 정도로 그리스 문화가 강했다. 하지만 콧대 높은 그리스인들도 로마의 화폐를 써야 했다. 금과 은 같은 귀금속으로 만든 로마의 데나리온denarius은 '지중해합중국'인 로마의 달러였다.

미국의 달러가 1920년 제1차 세계대전 이후 영국의 파운드를 밀어내고 기축통화 구실을 했듯이 데나리온도 비슷했다. 로마는 기원전 6세기부터 500년간 지중해에서 기축통화 노릇을 했던 아테네의 드라크마drachma를 밀어냈다. 로마의 경제력은 포에니전쟁이 정점이었다. 로마는 카르타고에게서 이스파니아의 은광을 빼앗아 경제력을 키웠다. 이스파니아는 사치품인 고등어 가룸뿐 아니라 은을 로마에 공급했다. 이어 로마는 마케도니아를 정복해 기원전 1세기쯤 자신의 화폐를 지중해 전체에 통용시킬 수 있었다. 로마인들이 빵과 가룸을 즐길 수 있었던 것도 지중해 경제의 패권을 차지했기 때문이었다.

로마 화폐 데나리온은 멀리 아시아에서도 통용될 정도로 광범위하게 쓰였다. 현물이 아니라 화폐를 사용하면서 세금 징수와 재정 집행이 용이해졌다. 로마의 식민지 지배는 더욱 공고해졌다. 생산력이 뛰어나지 않았던 로마에 전 세계의 상품이 쏟아졌고, 로마는 화려한 문화도시로 성장했다.

하지만 로마의 정치적 타락과 잦은 전쟁으로 재정 적자는 눈덩이처럼 불어났다. 결국 로마는 드라크마의 은 함량을 줄이는 편법적인 양적 완화를 단행했다. 로마 화폐의 가치는 급속도로 떨어졌고 일부 지역에서는 로마 화폐를 받지 않기까지 했다. 기록에 따르면 기원전 1세기 만들어진 은화의 가치는 2세기에 50퍼센트, 3세기 후반에는 5퍼센트까지 추락했다. 그 결과 물가는 폭등하고 로마의 경제는 흔들렸다. 4세기 초 곡물 가격은 1세기 초에 견주어 200배 이상 상승했다. 가룸 가격도 천정부지로 올랐다.

세수 감소로 중앙정부의 지원이 줄어들자 속주의 군대들은 자체 보급을 실시했다. 말이 자체 보급이지 약탈에 가까웠다. 거기다 중앙정부는 세수를 확보하려고 속주의 세금을 계속 올렸다. 화폐가 통용되지 않자 세금도 현물이나 부역으로 바뀌었다. 로마는 모든 민중을 노예로 간주하던 동양의 전제 국가와 다를 것이 없어졌다. 기원전 1세기에 로마 시민권자가 되길 원해 몰려들었던 속주 사람들은 로마 자체를 부인하며 토지를 떠나기 시작했다. 3세기 로마 속주 농촌의 실태는 14세기 흑사병 창궐한 중세 서유럽 농촌과 비슷했다. 여기에 게르만족이 밀려왔다. 국경을 지켜야 하는 군인은 게르만족 대신 황제를 죽이고 스스로 황제를 칭했다. 자고 나면 군인이 황제 자리를 찬탈하는 군인황제시대(235~284년)가 이어지기도 했다. 부임 6개월만에 죽임을 당하는 황제도 나왔다.

결국 476년 서로마제국은 멸망했다. 모든 유럽인이 찬탄해 마지않던 로마는 게르만족의 말이 풀을 뜯는 폐허가 되어버렸다. 지중해 역시 게르만족의 하나인 반달족의 바다가 되었다. 북아프리카의 카르타고 옛 땅을 점령한 반달족은 쭉정이만 남은 로마를 약탈해 전리품을 부지런히 카르타고로 날랐다. 오죽하면 문화유산과 공공시설을 파괴하는 행위를 반달리즘 vandalism이라고 할까? 동로마제국이 반달족의 북아프리카 왕국을 멸망시키며 지중해 패권 탈환에 도전했지만 역부족이었다. 결국 7세기부터 세력을 넓힌 이슬람이 로마의 바다를 차지하게 된다.

가룸과 함께 사라진 휴머니즘

우마이야왕조는 641년 로마의 빵 창고 노릇을 해온 이집트를 점령했고, 711년 고대 로마의 돈줄이자 밥줄이었던 이스파니아마저 정복했다. 이로써 이슬람 왕국이 로마와 그리스 앞바다

약간을 제외한 로마 시대의 지중해를 모두 장악했다. 이후 지중해는 근대 이전까지 오스만제국이 지배하는 이슬람의 바다로 1,000년 동안 남게 되었다.

이처럼 지중해의 주인이 바뀌면서 로마의 먹거리였던 빵과 가룸도 변했다. 로마 시대 정치적 구호였던 빵은 중세에는 예수의 몸을 빌려 종교적 구호로 부활했다. 고대 로마에 못지않은 영예였다. 반면 가룸은 서유럽에서 완전히 사라졌다. 동로마와 아랍에서는 중세 때도 생선 액젓을 먹었지만 서유럽에서는 가룸이라는 말 자체가 없어졌다. 서유럽에서 이 단어가 삭제된 것은 중세에 먹을 것이 풍족했기 때문이 아니었다. 오히려 반대였다. 중세의 농업생산력은 고대보다 못했다. 중세 시절 지중해를 통한 상업 교역도 이탈리아 몇몇 도시국가를 제외하면 거의 사라졌다.

가룸이 사라진 것은 지중해가 사라졌다는 것을 의미한다. 유럽인은 지중해를 배경으로 펼쳐진 고대 그리스와 로마의 전통을 물려받지 못했다. 그리스·로마의 고전은 아랍어로 번역되었고 유럽에서는 거의 사라졌다. 로마 시대 흔하게 볼 수 있었던 물레방아와 콘크리트 건축물은 중세 초기 서유럽에서는 만들어지지 않았다. 그리스 철학이 사라진 유럽에는 그리스도교에서 말하는 신의 섭리만 강조되었다. "불합리하기 때문에 믿는다"는 교부철학의 명제가 이 시기의 사상을 대표한다. 푸른 지중해가 사라지면서 그리스·로마의 이성도, 그들의 경제도 사라진 셈이다. 그리스·로마의 전통과 함께 가룸도 지중해에서 사라졌다.

가룸이 다시 유럽에 등장한 것은 유럽이 지중해뿐 아니라 전 세계 바다를 지배한 산업혁명 이후였다. 대항해시대를 거치면서 유럽은 이슬람 세력에게서 지중해의 주도권을 빼앗아왔다. 그리고 대서양과 인도양으로 나가 세계경제를 하나로 묶었다. 주로 아열대 농산품을 가공한 상품을 세계에 팔던 그들은 중국과 동남아시아의 식재료인 생선젓에 관심을 갖게 되었다. 이 생선젓만 있으면 손쉽게 맛있는 음식을 만들 수 있었기 때문이다. 이 생선 소스의 이름은 우리에게도 익숙한 '케첩ketchup'이었다.

영어 케첩의 어원은 중국 푸젠성 방언으로 '생선으로 만든 소스'를 의미하는 '꿰짭鮭汁'에서 유래했다. 17세기에 등장한 케첩은 굴·생선·계란 흰자 등을 넣고 발효시킨 일종의 생선젓이었다. 시간이 흐르면서 버섯·호두 등을 이용한 새로운 소스가 등장했고 이 소스는 중국과 동남아시아로 전파되었다. 실용적인 영국인들은 말레이시아에서 이 소스를 발견하고는 이를 이용하면 간단하게 끼니를 해결할 수 있다는 점에 매력을 느꼈다. 그래서 이 소스를 유럽에 전파했다. 유럽에서는 토마토를 이용한 새로운 케첩이 만들어졌다. 기름진 요리를 즐겨 먹던 19세기 미국에서 토마토케첩은 광범위하게 퍼져나갔다. 지금은 마치 케첩이 미국의 소스인 것처럼 생각할 정도다. 중국에서는 미국이 표준화시킨 토마토케첩을 양가장洋茄醬・번가장番茄醬이라는 별도의 말로 부른다.

토마토케첩의 재료는 제조사마다 조금씩 다르지만 토마토 과육에 정향clove・계피・후추・고추・마늘・육두구 등을 넣고 조린다. 제품에 따라 많게는 17종이나 되는 향신료를 쓰기도 한다. 서양인에게 이런 향신료는 대항해시대 이전에는 꿈도 꾸지 못하던 사치품이었을 것이다. 토마토 역시 남아메리카가 원산지다.

케첩은 소아시아의 생선젓에 취향대로 허브와 향신료를 넣고 참치와 고등어로 만든 로마의 가룸과 많이 닮았다. 로마는 지중해를 통해 얻은 빵과 가룸으로 제국을 다스렸다. 지중해는 로마의 젖줄이었다. 서양인들은 로마가 어디서 어떻게 젖과 꿀을 얻었는지 잊지 않았고, 가룸을 부활시켰다.

멸치젓, 로마제국의 젖줄이 되다

7

맥주,
중세의 갈증을 해소하다

"복 비어bock beer는 인류 최고의 음료다."

• 마르틴 루터Martin Luther

중세는 정말 암흑의 시대일까?

서양의 중세는 흔히 암흑으로 비유된다. 십자군 전쟁, 마녀사냥, 페스트처럼 중세의 어둠을 떠올리게 하는 단어들은 지금 들어도 섬뜩하다. 하지만 중세 전체를 암흑으로 말하는 것에는 논란이 있다. 이성 대신 종교를 준거의 틀로 삼은 비루함 탓도 있지만, 중세 이전인 그리스·로마 시대가 상대적으로 찬란했던 탓도 분명히 있기 때문이다. 노예제라는 척박한 생산양식에서 민주주의와 공화제를 선보였던 그리스·로마 시대는 인류 역사에서 예외적인 시대다. 실제 서유럽에서 인구 100만 명이 넘는 도시는 19세기 런던이 등장하기 전까지 고대 로마 외에는 없었다(동양은 베이징이나 바그다드는 물론 신라 시대 경주도 인구가 100만 명이 넘었다).

'암흑의 시대' 중세를 만든 것은 종교였지만, 아이러니하게도 종교 안에서 혁신의 가능성이 보존되기도 했다. 맥주는 그 가능성 중 하나였다.

그러나 이런 점을 고려하더라도 중세의 암흑은 변명의 여지가 없다. 계급은 하느님이 정해놓은 질서라는 그리스도교적 지배 이데올로기 아래에서는 어떤 혁신도 불가능했다. 교회는 계급에 따라 자신의 임무를 수행하는 것이 신이 만든 조화에 경의를 표하는 방법이라고 가르쳤다. 이런 구호 뒤에는 광기와 굶주림이 숨어 있었다. 광기와 굶주림은 20세기 러시아혁명으로 차르가 쫓겨날 때까지 유럽에서 이어졌다는 분석이 있을 정도로 지속되었다. 종교는 중세의 발목을 잡는 질곡이었다.

그렇다면 의문이 생긴다. 이런 야만의 중세에 어떻게 혁신적인 자본주의가 싹튼 것일까? 중세가 끝나고 어떻게 경제가 가장 낙후된 서유럽에서 산업혁명을 주도한 영국을 비롯해 프랑스·독일 같은 근대국가가 탄생할 수 있었을까? 먼지 쌓인 그리스·로마 고전을 다시 읽기만 했는데도 마법처럼 새로운 세상이 온 것일까? 아니면 미국인의 말처럼 오랜 어둠을 감내한 서양인에게 하느님이 번영을 예정했던 것일까?

맥주가 구원한 중세

암흑이라던 중세에도 혁신은 분명히 존재했다. 이 혁신들이 쌓여 산업혁명과 종교개혁을 이끌었다. 그런데 중세의 혁신에 관한 연구는 로마에 관한 연구에 견주면 아주 미미하다. 마키아벨리와 몽테스키외 같은 유명한 사상가들마저 로마의 멸망 이유를 연구했다. 지금까지 나온 로마 멸망의 이유는 무려 200여 가지가 넘는다고 한다. 반면 로마 시대 직후인 중세의 혁신에 대한 연구는 그렇게 많지 않다.

　　말안장과 등자(말을 탈 때 발을 디딜 수 있도록 만든, 안장에 달린 발 받침대)나 화약·총 같은 전쟁 무기를 중세의 으뜸가는 혁신으로 꼽는 사람이 있는가 하면 풍차와 같은 에너지에 주목하는 학자도 있다. 인쇄술 같은 커뮤니케이션의 혁신에 관심을 두는 연구도 있다. 이 밖에도 동양과 달리 느슨한 권력 관계와 토지 제도 덕분에 중세 유럽에서 꼭 필요한 혁신이 일어날 수 있었다는 분석도 있다.

나는 음식으로 중세의 혁신을 설명하려 한다. 중세를 구원한 주인공은 맥주다. 맥주는 보잘것없는 중세를 일으켜 세웠다. 그리고 지루했던 중세를 끝냈다. 중세 바로 직전인 그리스·로마 시대에 맥주는 천한 음식이었다. 반면 포도로 만드는 와인은 로마 귀족들마저 갈망하던 귀한 음료였다. 맥주는 와인과 대척점에 있던 음료였다. 밀에 견주어 하품下品인 보리로 만드는 데다 라인강과 다뉴브강 건너편 야만인이 즐겨 마시던 음료였기 때문이다. 그러나 맥주는 중세를 이해하는 키워드이며 찬란한 문명을 잃어버린 서유럽인에게 새로운 세상을 꿈꾸게 한 희망의 주문이었다. 이 마법의 주문을 외운 사람들이 중세에 암흑을 몰고 온 장본인인 그리스도인이라는 것은 역사의 아이러니다.

포도주가 엄숙한 의식이라면 맥주는 땀내 나는 일상이었다. 그들에게 맥주는 음식을 먹어서는 안 되는 금식일이나 사순절 때 마실 수 있는 물과 같은 존재였다. 교회 안에서 그리스도인들은 맥주를 마시기만 한 것이 아니라 만들었고 팔기까지 했다.

수도사들이 중세부터 만들었던 맥주는 지금까지도 전해온다. 트라피스트 맥주trappist beer는 지금도 벨기에를 비롯한 유럽

트라피스트 맥주는 트라피스트회 수도원에서 만들어온 맥주다. 현재 공식적으로는 아헬, 시메이, 라트라프, 베스트플레테렌 등 11종이 인정받고 있다.

의 수도원에서 만든다. 독일의 바이엔슈테판, 파울라너나 벨기에의 레페처럼 수도원에서 만들다가 현재는 상업화된 기업에서 나오는 맥주도 있다. 바이엔슈테판 등은 우리나라에서도 손쉽게 구할 수 있다. 이 글을 읽으면 수도원이나 수도사가 그려진 맥주의 맛이 더 상쾌해질 것이다.

신에게 바친 핏빛 음료

 우리는 으레 맥주라고 하면 황금색 액체를 떠올린다. 하지만 원래 상온에서 발효된 전통적인 맥주는 빨간색이다. 고대에는 이를 핏빛으로 비유하기도 했다. 나일강의 검은 흙에서 밀과 보리가 넘쳐나던 이집트는 발효의 나라였다. 맥주는 '화학 강국' 이집트의 국민 음료였다. 고고학자들이 발견한 가장 오래된 맥주 양조장은 나일강에 있었던 고대 도시 히에라콘폴리스Hierakonpolis의 유적으로 기원전 3500년의 것으로 추정된다.

이집트인은 죽음의 신 세크메트Sekhmet를 위해 맥주를 빚었다. 세크메트는 태양의 신 라Ra가 세상을 파괴하려고 만든 신이다. 암사자 얼굴을 한 세크메트 여신은 인류에게 질병과 재앙을 가져다주는 공포의 여신인 동시에 질병을 치료하는 치료의 신이기도 했다. 그래서 인간은 세크메트가 좋아하는 핏빛 맥주를 담가 여신을 유혹했다. 세크메트가 술에 취해 자신의 임무를 게을리하도록 꾀를 낸 것이다. 고대 이집트인에게 맥주는 사람 목숨을 구하는 신성한 음료였다.

이런 신화가 등장한 까닭은 맥주의 원료가 빵이었기 때문이다. 고대 맥주는 빵에 물을 타서 만들었다. 맥주는 술이자 끼니였던 셈이었다. 근대까지 유럽에서는 낮은 도수의 맥주를 식사 대용으로 먹었다. 아이용 맥주가 따로 있었을 정도다. 맥주는 삶에 환희를 줄 뿐 아니라 배고픔을 해결해주는 존재였다.

그러나 맥주는 고대 지중해에서는 별로 환영받지 못했다. 지중해 문명의 키워드는 포도주였기 때문이다. 아테네를 비롯한 그리스의 폴리스는 포도주와 올리브유를 손잡이 달린 채

색토기(암포라)에 담아 팔면서 벌어들인 돈으로 배고픔을 해결했다. 그리스는 에게해 건너편 소아시아의 신인 디오니소스Dionysos를 주요 신으로 모셔올 정도로 포도주에 흠뻑 취해 있었다. 그리스인들의 포도주 편애는 로마로 이어졌다.

로마 식민지였던 이스라엘에서 싹튼 그리스도교는 당연히 맥주가 아니라 포도주에 깃들었다. 예수는 포도주로 기적을 행했고, 그의 사도들은 메시아의 기적을 그리스어로 세상에 알렸다. 로마 귀족들은 그리스어를 쓰는 것을 격조 있다고 생각했다. 로마제국은 313년 밀라노 칙령으로 그리스도교를 공인하고 380년 테오도시우스Theodosius는 칙령을 반포해 이 종교를 제국의 국교로 선포했다. 주피터를 비롯한 12명의 신은 신전에서 추방되었다. 디오니소스(로마명 바쿠스)도 마찬가지였다.

하지만 그리스·로마의 신을 추방한 신전 자리에 교회가 생기기까지는 오랜 시간이 걸려야 했다. 로마의 신전은 사람들이 모이는 장터였으며 빵을 나누어주던 신성한 곳이었다. 그러나 10세기까지 유럽에서는 로마의 신전 같은 성스러운 교회를 짓지 못했다. 시장도 없었고 공짜 빵은 더더욱 없었다. 로마가 사라진 유럽은 찢어지게 가난했다.

피핀Pipin과 샤를마뉴Chalemagne가 8~9세기 카롤링거왕조를 열 때까지 유럽은 사실상 무정부 상태였다. 로마를 멸망시킨 게르만족은 분열했고 이슬람 세력과 훈족·마자르족이 유럽을 지속적으로 침략했다. 학살과 굶주림이 일상이던 이 시기 로마가 만들어놓은 사상과 제도는 물론이고 도로와 바닷길 등 사실상 모든 것이 사라졌다. 유럽은 제로성장이 아니라 마이너스성장에 빠졌다.

주범은 서로마제국을 멸망시킨 게르만족이었다. 게르만족은 농경민족이던 로마제국의 유산을 이어받을 지적 기반이 없었다. 그들은 목축을 하던 유목민이었다. 10명 미만의 유목민 가족이 먹고살려면 최소한 300마리의 가축이 필요했다. 당시 게르만족이 먹고살려면 가축 수억 마리가 필요했지만 유럽에는 그런 목초지가 없었다. 게르만족은 늘 배가 고팠고 로마의 풍요로운 땅을 탐했다.

그러나 그들은 로마가 부를 쌓을 수 있었던 원천인 농업을 거부했다. 곡물의 여신 케레스Ceres를 숭배하던 로마인과 달리 게르만족은 바람의 신 오딘Odin을 믿었다. 바람처럼 자유롭게 떠도는 것을 갈망했던 게르만족은 10세기까지 땅을 파 농사를 짓는 것을 금기시했다. 심지어 게르만족은 쟁기질을 신의 무덤을 파는 행위쯤으로 생각했다. 대신 그들은 약탈을 택했다. 따라서 전쟁 포로나 피정복자를 노예로 만들어 일을 시키지 않고 학살했다. 덕분에 4세기 100만 명이 넘던 로마 인구는 한 세기 만에 40만 명으로 줄었다.

경제학자 앵거스 매디슨Angus Maddison은 데이터 부족을 전제하면서 서기 1년 서유럽(로마제국과 비로마제국 포함)의 인구를 2,470만 명으로 추정했다. 이 인구는 200년에 2,760만 명으로 늘었다가 곧 1,860만 명으로 줄었다. 7세기에는 서유럽 인구가 로마제국 시절에 견주어 절반으로 줄었다는 분석도 있다. 5세기부터 줄어든 서유럽 인구는 12세기까지 로마제국 절정의 수준을 회복하지 못했다.

수도원, 중세의 등불이 되다

이런 혼란 속에서 등불이 된 것은 그리스도교 수도사였다. 그들은 로마 시대 말기부터 신을 좀더 가깝게 만나기 위해 자기 자신을 세상에서 격리했다. 그리고 묵언과 고행, 기도로 이루어진 삶을 살았다. 3세기 안토니오Antonius는 교회의 재산을 모두 빈자에게 나누어주고 사막으로 들어가 여러 명의 수도사와 함께 자급자족하는 공동체를 이루었다. 직접 농사를 지어 일주일에 두세 끼만 먹는 금욕적인 삶이었다. 이후 그에게 감화된 많은 그리스도인이 사막으로 들어가 종교 공동체를 이루었다.

이집트에서 시작된 종교 공동체는 곧 남부 유럽에 전파되었다. 유럽에 많은 수도원이 생겼다. 이 가운데 베네딕토Benedictus가 529년 이탈리아 로마에서 동남쪽으로 130킬로미터 떨어진

몬테카시노Monte Cassino에 세운 베네딕토 수도원이 중세 수도원의 모범이 되었다. 이 수도원은 기존 수도원과 마찬가지로 엄격한 규율과 수행을 강조했지만 고립된 사막이나 섬으로 간 수도사들처럼 육체적 극단을 추구하지 않았다.

지속 가능한 발전을 모색하던 베네딕토 수도원은 명상과 기도만큼 노동을 강조했다. 수도사들은 하루 농사 7시간을 비롯해 노동을 해야 했다. 수도원은 수도사들에게 식사와 충분한 잠을 제공했으며 하루에 두 덩어리의 빵과 과일·채소 등을 제공했다. 수도사들은 기도하고 노동하고 공부했다. 라틴어와 그리스어를 읽을 줄 알았던 그들은 중세 초기 유일한 그리스·로마 문명의 적자였다.

수도사들의 가장 중요한 업적은 사라진 로마 시대의 농업기술을 부활시킨 것이다. 게르만족의 '경제적 자살'로 휘청거리던 중세 경제가 회생하기 시작한 것도 이때부터다. 로마가 멸망한 뒤 멈추었던 물레방아가 다시 돌기 시작했다. 물레방아는 로마의 전성기를 열었던 아우구스투스 황제 시절 건축가인 비트루비우스Vitruvius가 고안했다. 잡초로 뒤덮였던 황무지가 수사들의 쟁기질로 기름진 땅으로 변하기 시작했다. 수도원은 중세 혁신의 전진기지가 되었다.

두 번째 업적은 이웃을 사랑하라는 예수의 가르침대로 가난한 자와 병자를 돌본 것이다. 수도사는 그리스·로마 문명뿐 아니라 예수의 적자이기도 했다. 이들의 활동으로 교회의 영향력은 점점 커졌다. 영주와 귀족들은 천국에 가려고 자신의 땅을 수도원에 바쳤다. 덕분에 수도원의 경제력도 확대되었다. 수도원은 여러 곳에 형제 수도원을 설립했고 도움을 요청하는 이웃 수도원도 지원했다. 수도원은 종교적 역할을 할 뿐 아니라 경제적 구심점이 되어갔다.

수도원에는 중세에 보기 드문 잉여생산물이 쌓이기 시작했다. 로마 시대에는 콜로세움보다 큰 식량 창고를 능수능란하게 만들었으나 그런 건축 기술이 없었던 중세 수도원은 잉여생산물이 변질되거나 손실되기 전에 가공해 팔아야 했다. 그들의 선택은 맥주였다. 그러나 빵을 액체로 만든 맥주는 보름도 안되어 변질되기 일쑤였다. 중세의 도로 환경을 고려하면 그들은 맥주의 보존 기간을 늘려야 했다.

수도사들은 이런저런 방법을 시도하다가 늪지대에서 자라는 뽕나뭇과의 여러해살이풀인 홉을 찾아냈다. 9세기 수도사들은 홉을 넣으면 맥주의 맛이 상큼해질 뿐 아니라 보존 기간도 늘어난다는 것을 알아냈다. 수도원은 홉을 넣은 맥주를 유럽의 방방곡곡에 팔기 시작했다. 로마 시대 이후 흔적만 남았던 유럽의 길이 수도원 맥주를 실은 수레를 따라 다시 모습을 드러냈다.

교회의 역할이 커짐에 따라 위상도 높아졌다. 중세의 이념에 따르면, 통치자가 아무리 황제일지라도 그는 '왕 중의 왕'인 예수 그리스도 아래였다. 왕은 명목상 영토의 소유권을 로마 교황청에 양도하고 다시 영토를 임차하는 계약직 신세였다. 교회는 왕과 영주에게 정치·경제적 후원을 얻어내는 대가로 지옥의 저주에서 그들을 보호해주겠다고 약속했다. 기사와 농노에게는 이런 영주에게 충성을 다하는 것이 창조주의 뜻이라고 설득했다. 왕·영주-성직자-농민으로 이루어진 중세적 계급 구조는 교회의 도움으로 완성되었다.

타락한 교회에 불타는 맥주잔을 던져라

봉건제가 정착되고 이민족 침입이 잦아들면서 11세기에는 배고픔에 대한 공포가 현저하게 누그러졌다. 넉넉해진 먹거리 덕분에 인구도 급등했다. 볼로냐·케임브리지·파리·마인츠 등에 대학이 생겨났다. 대학은 아랍인들만 읽었던 그리스·로마의 고전을 라틴어로 번역하기 시작했다. 500여 년간의 암흑 끝에 빛이 보이는 듯했다.

하지만 교회는 암흑을 택했다. 중세 초기에 낮은 곳에서 하느님의 섭리를 설파했던 교회가 변심했다. 중세 교회가 누려온 열매가 너무 달콤했던 탓이다. 교회는 1077년 이탈리아 카노사에서 신성로마제국 황제를 굴복시키며 유럽 최고의 정치권력임을 증명했다. 그들의 욕심은 정치에만 미치지 않았다. 교회는 왕보다 넓은 토지를 가진 대지주이자 유럽에서 보기 드문 지속 발전 가능한 상공인이었다. 중세 교회는 규모가 작을 뿐이지 20세기 등장한 스탠더드오일이나 포드자동차 같은 독점 기업과 유사했다.

수도원은 청빈의 삶을 버리고 농노들과 소작 계약을 맺었다. 이뿐이 아니었다. 곡식을 빻고 빵을 만들고 술을 빚는 일도 교회가 독점하기 시작했다. 로마법에 따라서 물레방아는 토지를 가진 사람의 소유였다. 방앗간 주인은 물레방아를 교회나 영주에게 바친 뒤 고용 노동자가 되어야 했다. 재산을 빼앗긴 방앗간 주인은 사기꾼이 될 수밖에 없었다. 곡식의 양을 속이는 것은 물론이고 모래를 섞기도 했다. 종교가 앞장서서 지역 사회에 뿌리 깊은 불신을 조장한 셈이다. 장터를 여는 이권 역시 교회가 영주와 함께 독점했으며 다리나 성문을 지나는 사람에게 통행세를 걷기도 했다.

로마제국은 식민지에서 들어오는 전리품으로 타락했다가 결국 이민족의 침입으로 무너졌다. 갈취로 돈을 벌던 중세 교회도 비슷했다. 외부에서 결정타를 맞았다. 페스트가 14세기 유럽을 강타한 것이다. 이탈리아에서 시작된 이 병은 감염되어 사망하면 시체가 검게 변해 '흑사병'으로 불렸다. 페스트는 동양의 물건을 실어 나르던 이탈리아의 무역선에서 시작된 것으로 추측한다. 동양의 향신료와 사치품이 이동하던 경로는 수도사들이 수백 년 동안 맥주를 팔기 위해 낸 길과 일치했다. 맥주 공급로는 남유럽과 북유럽은 물론 멀리 러시아까지 이어져 있었다. 수도원 맥주를 즐겨 마시던 유럽인들은 페스트를 피할 수 없었다. 페스트는 300년 가까이 계속되었고 유럽 인구의 3분의 1이 사망했다.

그러나 맥주는 병 주고 약을 주었다. 인구의 급감은 중세 유럽에 전화위복이 되었다. 우선 노동력이 부족한 탓에 임금이 많이 올랐다. 농노들은 이제 신의 섭리에 따라 일하지 않고 돈을 좇아 일했다. 때마침 유럽 각국의 해안 도시를 중심으로 상업의 바람이 불었다. 14세기 유럽 각 도시에서 길드와 같은 상공인 조합이 생겨나며 상공업의 자유를 갈망하기 시작했다. 상인들은 영주에게 돈을 주고 법적 자유를 샀다.

유럽 각 도시의 상인들은 영국의 대헌장(마그나 카르타)과 비슷한 법률적 권리를 쟁취하기 시작했다. 대헌장은 영국 귀족들이 1215년 재산을 약탈하고 가족을 인질로 삼는 존 왕에 대항해 왕이 법적 판단 없이 체포·구금하거나 토지와 재산을 빼앗을 수 없다는 것을 명시한 약정서다. 특히 과세와 공납 등은 귀족과 성직자 등으로 구성된 의회의 동의를 받도록 했다. 이는 중세 유럽에서 전성기의 로마 시대처럼 의회와 사유재산을 인정하기 시작했다는 뜻이다. 비슷한 시기 이슬람과 동양에서는 왕의 명령으로 일가친척 전원이 떼죽음을 당하거나 노예로 팔려갔던 것을 하늘의 섭리로 받들었던 것과는 대조적이다.

이런 변화로 도시에서는 자유의 냄새가 느껴졌다. 농노들은 생계를 위해, 그리고 자유를 위해 도시로 나갔다. 도시에서 일정 기간 살면 거주 이전의 자유조차 없던 농노도 시민이 되었다. 중세를 짓누르던 창조주의 섭리가 흔들리기 시작했다. 이런 균열에서 새로운 경제 시스템인 자본주의의 가능성이 싹텄다. 정치적 자유를 일찌감치 보장한 영국·네덜란드·스위스에서, 절대왕정의 미몽에서 벗어나지 못했던 스페인·프랑스에 견주어 자본주의가 빠르게 발전한 것도 같은 이유다.

맥주를 사랑한 루터, 종교를 개혁하다

맥주는 이런 변화의 중심에 서 있었다. 농민을 포함한 대중의 소득이 늘면서 맥주 수요도 늘었다. 이에 따라 14세기에는 도수가 높은 여러 종류의 맥주가 출시되었다. 맥주는 이제 끼니를 때우는 '밥'에서 정신적·육체적 즐거움을 주는 '상품'으로 변신해야 했다. 중세 초기 신성했던 맥주는 이제 조금 불온해지기 시작했다.

중세 후기에 맥주의 변화를 주도한 것은 수도원이 아니라 시장이었다. 민간 양조장 주인들은 맥아를 볶거나 태웠다. 또 맥아에 밀과 귀리 등을 섞어 맥주 색깔과 맛에 변화를 주었다. 이런 노력으로 유럽 각국에서 다양한 맥주가 만들어졌다. 맥주에 쓰는 4종류의 홉 가운데 노블 홉noble hop을 주로 사용하던 독일과 보헤미아 지역 맥주의 개선이 두드러졌다.

특히 독일 한자동맹 도시인 아인베크Einbeck에서 생산한 맥주는 14세기 가장 유명한 맥주였다. 이 맥주는 줄여서 '복(독일어로 염소란 뜻) 비어'라고 불리기도 했다. 복 비어는 리넨 같은 섬유와 함께 한자동맹의 가장 주요한 수출품이었다. 보리에 30퍼센트가량 밀을 섞어 만든 복 비어는 인기가 좋아 유럽뿐 아니라 포도주의 원산지인 중동 지역까지 수출되었다. 예수가 십자가에 못 박혔다가 부활한 장소인 예루살렘에서도 이 맥주를 즐겨 마실 정도였다.

그렇지만 종교는 세상의 변화를 거부했다. 교회는 왕과 귀족에 이어 자신에게 대드는 상인과 농민을 탄압하기 시작했다. 대표적인 것이 마녀사냥이었다. 마녀사냥은 중세가 한창이던 10세기 전후가 아니라 중세가 끝날 무렵인 15세기에 주로 자행되었고 16세기가 절정이었다. 중세 말기 종교 권력은 적그리스도 그 자체였다. 그 사실을 교회만 모르고 있었다. 예수의 몸으로 불리는 교회는 폭발 일보 직전이었다.

종교개혁은 포도주의 고장이 아니라 맥주의 고장 독일에서 일어났다. 독일의 성직자 루터는 광산업자의 아들로 법학을 전공했다. 하지만 그는 법대생 시절 벼락이 바로 옆에 떨어져 간신히 목숨을 건진 경험을 한 뒤 부모의 반대를 무릅쓰고 수도원에 들어갔다. 불면증이 있었던 그는 복 비어를 애용했다. 이 맥주를 마셔야 잠을 잘 수 있었다는 기록이 있을 정도다.

루터는 구원은 생전의 선행이 아니라 예수에 대한 믿음에서 비롯된다고 생각했다. 그의 생각은 계급에 따라 신이 정해준 소임을 성실히 수행하는 것이 창조주에 대한 존경이라는 구닥다리 종교관과는 완전히 달랐다. 그는 교회에서 강조하는 선행의 개념이 교황청의 부패한 지배를 정당화한다고 생각했다. 중요한 것은 교회와 신의 관계가 아니라 신도 개개인과 신의 관계라고 강조했다. 루터의 생각은 인간을 강조한 최초의 근대적 신앙관이었다.

루터는 1517년 교황 레오 10세Leo x가 바티칸의 성 베드로 대성당 재건을 위해 면죄부를 판다는 소식을 듣고 반박 대자보를 붙였다. 단순한 벽보에 불과했던 그의 사상은 독일 지역은 물론이고 전 유럽에 엄청난 반향을 일으켰다. 교회는 그를 파문했지만 루터는 교회의 파문 칙서를 여러 사람이 보는 앞에서 불태워버렸다. 루터의 용기 있는 저항은 썩어빠진 그리스도교에 저항의 물결을 불러왔다.

신성로마제국 황제 카를 5세는 1521년 보름스 제국회의에 루터를 불러 심문했는데, 루터는 이 자리에 복 비어 1리터를 마시고 나갔다고 한다.

루터는 한 발 더 나아가 라틴어가 아닌 독일어로 된 『성경』을 쓰기 시작했다. 루터는 그리스도인이라면 『성경』을 읽고 하느님의 말씀을 알아야 할 의무가 있다고 말했다. 그는 누구든 『성경』을 읽고 행하면 사제가 될 수 있다고 강조했다. 그리고 교회는 『성경』을 독점하며 천국의 문지기 노릇으로 돈을 벌어서는 안 된다고 지적했다.

독일어 『성경』은 인쇄술의 발달을 불러왔다. 요하네스 구텐베르크Johannes Gutenberg가 인쇄기를 발명한 뒤 매년 그때까지 유럽에 존재했던 책보다 많은 책이 인쇄되어 쏟아져 나왔다. 글자를 알 필요도 없었고 알아도 별 쓸모없었던 중세 유럽인이 자기 말로 된 『성경』과 책을 읽기 시작했다. 그리고 그들은 종교의 자유와 자신의 신념을 위해 사는 것이 옳다고 생각하게

맥주, 중세의 갈증을 해소하다

되었다. 그래서 그들은 그 신념을 위해 전쟁을 불사했고 믿음을 위해 국경을 넘었다. 심지어 대서양을 건너 신대륙으로 떠나기도 했다. 로마제국 멸망 후 사라졌던 '시민'의 부활이었다.

독일의 사회학자 베버는 프로테스탄트적 사고방식이야말로 자본주의를 낳은 근본정신이라고 말했다. 그는 가톨릭을 믿는 남유럽이 아니라 개신교를 믿는 북유럽에서 산업혁명이 일어난 이유를 종교개혁이라고 분석했다. 실제 자본주의를 이끈 영국·네덜란드·스위스·독일·미국은 개신교를 믿었다. 베버는 개인이 신의 섭리에 따라 삶에 최선을 다해야 한다는 프로테스탄트 윤리는 개인 삶을 경건하게 만들었을 뿐 아니라 부유하게 만들었다고 설명했다.

맥주와 포도주는 비슷하지만 여러 가지로 다른 술이다. 당분이 많아 저절로 발효되는 포도주와 달리 맥주는 한 번 끓여서 전분을 포도당으로 만드는 수고로운 과정을 거쳐야 한다. 고대 그리스와 로마인은 포도주처럼 저절로 술이 되는 신화적 기적이 없는 맥주를 세속의 술로 생각했을지도 모른다. 포도주는 예수의 피로 상징되면서 중세에도 그 신성神性을 유지했다.

하지만 지금 세계인은 포도주보다 맥주를 6배 이상 많이 마신다. 세계 주류 시장 동향 자료를 보면 2014년 기준 세계인이 마신 술의 76.1퍼센트가 맥주다. 와인의 비중은 10.3퍼센트에 불과하다. 게다가 우리가 마시는 맥주는 전통적인 핏빛 에일 맥주가 아니라 황금빛 맥주다. 하이네켄·버드와이저·칭다오 등 현대인이 마시는 맥주의 70퍼센트는 저온 발효 방식의 라거 lager다. 라거는 '저장하다'라는 뜻의 독일어 동사 '라거렌largeren'에서 왔다. 발효 온도를 낮추어 장기 숙성한 혁신적인 맥주 제조법은 15세기 독일에서 개발되었다.

예수가 로마 시대 포도주를 선택한 것은 유대 사회에서 피를 언급하는 것은 금기였기 때문이다. 예수는 금기를 깰 사람들에게 죄와 구원을 환기시키려 했다. 예수와 비슷하게 중세의 수도사들은 당시의 금기인 혁신을 자기 몸을 쓰는 노동으로 증명해보였다. 그들의 노력으로 핏빛 맥주는 황금색으로 변했고, 그 과정에서 중세는 근대 자본주의로 발효할 수 있었다. 비록 자신의 몸인 교회가 가톨릭과 개신교라는 두 쪽으로 쪼개지는 아픔을 지켜보아야 했지만, 가난한 목수의 아들인 예수는 맥주의 황금빛 변신을 기뻐했을 것이 틀림없다.

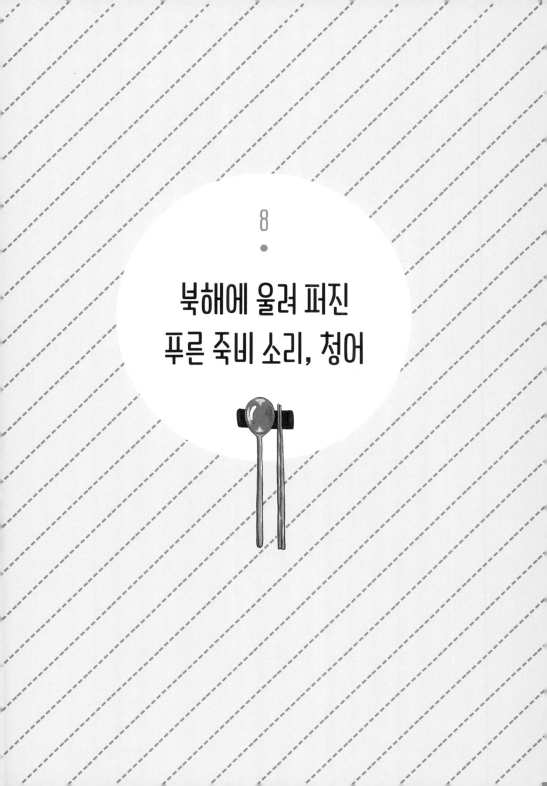

8

북해에 울려 퍼진
푸른 죽비 소리, 청어

"암스테르담은 청어의 뼈 위에 세워졌다."

• 월터 롤리|Walter Raleigh

우리는 모두 바다에서 왔다

원시 바다가 생명을 잉태했듯이 바다는 인간의 역사를 잉태했다. '어머니' 바다는 소금과 생선 같은 음식뿐 아니라 빵과 향신료를 나르는 무역로를 내어주었다. 바다를 가까이한 나라는 배고픔에서 벗어나 번영을 이루었고 바다를 멀리했던 나라는 필연적으로 가난했다.

비옥한 대지의 산물만으로 만족하던 중국과 인도 등 동양 나라들은 해양 강국이 된 영국의 식민지가 되거나 영국에 영토를 떼어주어야 했다. 서양도 예외는 아니었다. 무역을 중시했던 이탈리아 도시국가 베네치아와 제노바는 부유했지만 농업에 천착하던 남부 나폴리는 가난했다. 나폴리 정부는 무역을 통한 국부 창출을 주장한 경제학자를 투옥시켰다.

바다를 중시하는 서양의 전통은 그리스부터 시작되었다. 온통 석회암뿐이어서 곡물을 키울 수 없던 그리스인은 가난에 등 떠밀려 거센 바다로 나갔다. 가난한 그들의 어쩔 수 없었던 선택은 옳았다. 고대 그리스의 선택은 로마와 중세 베네치아를 거쳐 영국을 정점으로 서양의 전통이 되었다.

서양의 선택이 아주 틀리지 않다는 것은, 그들의 계승자인 미국을 보면 알 수 있다. 미국은 전 세계 바다 구석구석에 항공모함과 핵 잠수함을 띄워놓고 있다. 하지만 미국은 바다만 주름잡는 '깡패 국가'가 아니다. 미국은 멍청한 왕과 귀족의 지배를 부정하고 사유재산과 대의 민주주의를 헌법으로 보장한 최초의 국가다. 지금도 전 세계의 경제와 문화에 큰 영향을 끼치고 있어 '우리 시대의 로마'라고도 불린다.

바다에서 찾은 자유와 자본

어떻게 서양은 자신보다 훨씬 정교한 문명을 가졌던 이슬람과 중국을 따돌리고 바다를 지배하게 되었을까? 그리고 어떻게 자본축적과 과학적 성취로 자본주의라는 새로운 사회·경제시스템을 만들었을까? 자본주의의 시작은 18세기 산업혁명으로 보는 것이 정설이지만 최근에는 15세기 대항해시대 혹은 그보다 앞선 12세기 유럽의 도시 발달까지 거슬러 올라가기도 한다. 하지만 어떤 것을 기원으로 삼더라도 키워드는 '바다'고 '서양'이다. 그렇다면 서양의 바다는 어떻게 동양의 바다와 달랐을까?

서양의 바다나 동양의 바다나 그 출발은 같았다. 서양이 자본주의를 시작하게 된 계기를 이해하게 도와주는 키워드는 청어다. 우리나라에도 흔한 청어는 유럽에도 흔했다. 청어는 적어도 공평했다. 나머지는 사람의 몫이다. 물론 약간의 운도 필요하다. 네덜란드는 15세기 해류의 변화로 청어를 독차치할 수 있었다. 네덜란드와 스페인 그리고 네덜란드와 한자동맹을 비교해보면 서양에서 자본주의가 싹튼 이유를 좀더 쉽게 짐작할 수 있다.

그런데 청어는 단순히 서양에 물질적 번영만을 가져온 것이 아니다. 왕을 인정하지 않고 왕을 참칭하는 자를 살해하는 것을 시민의 의무라고 여겼던 그리스 시민사회의 전통을 유럽에 퍼뜨리는 결정적인 역할을 했다.

청어가 헤엄치는 곳에는 도시가 생겼고 도시에는 신과 왕의 권위를 부정하는 자유의 바람이 불었다. 청어는 중세를 지배하던 그리스도교의 권위를 무너뜨리고 나름의 합리를 따르는 자본주의로 가는 징검다리를 놓았다. 이 징검다리를 튼튼한 다리로 만든 것은 청어를 대규모로 잡기 시작한 북유럽의 도시국가

연맹인 한자동맹과 그 뒤를 이은 네덜란드였다.

1492년 신대륙의 발견으로 시작된 자본의 축적이나 동양과 서양의 중간에서 중개무역으로 부를 쌓은 이슬람 제국의 지리적 이점은 북유럽의 도시들과 네덜란드가 청어로 얻은 깨달음에 견주면 아무것도 아니라고 할 수 있을지도 모른다.

한자동맹이 청어잡이로 쌓은 재력을 바탕으로 발트해와 북해를 주름잡았을 때 그들은 국가를 염두에 두지 않았다. 오직 동맹 도시의 이익만 존재할 뿐이었다. 그들은 오히려 주변 국가와 계약을 맺었고 국가를 대신해 세금을 걷기도 했으며 왕위 세습에도 개입했다. 비슷한 시기 동양이나 이슬람 국가에서는 상상할 수도 없던 일이다.

네덜란드는 야만적인 신정 통치를 하던 스페인과 독립 전쟁을 벌여 승리했고, 세계 최초로 주식회사와 주식시장을 만들었으며 금 태환 화폐를 선보였다. 네덜란드의 식민지였던 뉴암스테르담에도 주식시장이 세워졌다. 뉴암스테르담은 영국의 지배를 받으며 뉴욕으로 개명했고, 그 증권시장이 있던 곳은 지금 월 스트리트로 불린다. 청어가 없었으면 네덜란드도 없었을 것이고, 은행도 증권시장도 없었을 것이다. 뉴욕은 어쩌면 뉴마드리드로 불리며 20세기 이후 남아메리카 국가들이 보여주는 정치적 혼란의 중심지로 외신을 장식하고 있을지도 모른다.

청어는 어떻게 유럽인에게 새로운 생각을 전해주었을까? 그리고 청어는 왜 그 새로운 생각을 똑같이 자신을 염장해 먹고 한술 더 떠 말려 먹기까지 한 동양의 사람들에게는 베풀지 않았을까? 청어가 북유럽에만 알려준 비리지만 오묘한 깨달음은 무엇이었을까?

청어가 준 깨달음

청어青魚는 이름에서도 알 수 있듯이 등이 파란색을 띠는 청어과 바다 생선이다. 우리나라에서도 청어가 많이 잡혔다는 기록이 있을 정도로 북반구에서 흔한 생선이다. 청어는 수온이 섭씨 2~10도의 차가운 물에서만 서식한다. 우리나라에서는 주로 겨울에 잡힌다.

유럽에서 청어가 주로 잡히던 곳은 한류가 흐르던 북위 50도 인근의 북유럽이다. 북유럽 청어잡이는 10세기부터 시작되어 12~13세기 발트해 연안에서 활발하게 이루어졌다. 발트해는 지중해와 마찬가지로 북해와 연결된 내해로 평균 수심이 50미터로 낮다. 청어는 수심 150미터 이하에서 활동하는 근해 어종이기 때문에 수심이 깊지 않은 발트해에서 청어잡이가 활기를 띠었다.

발트해는 겨울철 3~4개월가량은 얼어 있다. 그래서 청어잡이 시기는 여름이 끝날 무렵인 7월말부터 9월말까지다. 본격적

청어는 북반구에 넓게 분포하는 어류로, 유럽에서는 물론 우리나라에서도 흔한 생선이었다. 지금은 주로 꽁치로 만드는 과메기도 원래는 청어로 만들었다.

인 겨울이 오기 전 두세 달 동안 발트해는 중세 유럽에서 가장 붐비는 곳이었다. 어부 수천 명이 청어 떼를 쫓아 발트해로 몰려들었고, 노동자 수천 명이 청어를 손질하고 염장하느라 북적였다. 염장 청어는 다시 바다와 육로를 거쳐 북유럽 곳곳으로 퍼져갔다.

수도원의 맥주가 냈던 오솔길에 염장 청어가 신작로를 뚫은 셈이다. 자본주의경제의 핵심이라고 할 수 있는 수요와 공급이 만나는 시장이 본격적으로 열리기 시작했다. 고대 로마가 제국의 권위로 만들었던 길이 청어 무역으로 거의 완벽하게 복구되었으며 로마의 온기가 미치지 않았던 게르만과 노르만 땅인 북유럽까지도 교역로가 만들어졌다. 일부 경제학자가 청어를 통한 도시 무역을 자본주의의 시작으로 보는 이유다.

이런 경제활동은 농노제를 바탕으로 한 중세의 전통과는 사뭇 달랐다. 초기 중세는 하느님의 섭리를 받아들였다. 중세 경제인 장원제를 지탱하는 농노의 이동을 금지하는 것도 신의 섭리였다. 게다가 중세 시대에는 노동시장도 폐쇄적이어서 직업을 찾아 이동하는 것이 쉬운 일이 아니었다.

유럽은 476년 게르만족이 서로마제국을 멸망시킨 뒤 200년 넘게 중국의 춘추전국시대처럼 피비린내 나는 전쟁을 경험했다. 카롤링거왕조가 이슬람 세력의 유럽 진출을 이베리아반도에서 저지하고 라인강 동쪽의 게르만족을 그리스도교화하는 등 성과를 내면서 살육전은 비로소 숨 고르기에 들어갔다.

유목민이던 게르만족의 전통은 전쟁에서 진 사람을 노예로 삼아 농수산물을 생산하던 그리스·로마 전통과는 거리가 멀었다. 그들은 대신 학살을 택했다. 유럽 각지에서 돌로 성을 쌓고 적에게 최대한 적게 노출되도록 창문을 적게 만드는 요새형 건물을 지은 것도 이런 까닭이다. 중세 유럽인들은 학살자일지도 모르는 외부와의 교류를 꺼렸고 이동도 최소화했다. 낭만과 방랑으로 둔갑했던 중세의 폭력적 전통이 변화하기 시작한 것은 유럽의 해안 도시에서였다.

중세 유럽에서 가장 번영했던 도시는 단연 베네치아·제노바·피렌체·피사 등 북이탈리아 도시였다. 이탈리아의 도시국가는 서로마제국이 패망한 뒤에도 여전히 건재했던 동로마제국과 북아프리카와의 무역으로 번영을 일구어왔다. 그들은 십자군 전쟁 이전부터 중동과 유럽을 잇는 해상무역을 사실상 독점해왔다. 그들은 도시가 아니라 국가에 가까웠다.

이탈리아 도시들은 비즈니스를 위해 정치 체계를 고도화하는 중상주의, 더 나가 국가독점자본주의의 원형을 보여주었다. 그들의 정경 유착 시스템은 16세기 이후 국가라는 의식을 갖게 된 유럽 각국이 벤치마킹하면서 대항해시대 발전의 기초를 놓는 데 참고가 되기도 했다.

반면 북유럽 도시들은 사치품인 후추·비단 등의 국제적 상업 교류로 쌓은 자본력으로 부를 창출하던 이탈리아 도시들과 사뭇 달랐다. 그들의 번영의 기초는 향신료 등 사치품이 아니라 배고픔을 해소해주는 청어였다. 10세기부터 지금의 독일·덴마크·스웨덴 등 북유럽에서는 북해의 한류를 따라 내려오는 청어를 잡는 연안어업이 발달하면서 해안가에 주요 도시가 생기기 시작했다. 청어를 잡는 것이 중요했기 때문에 상업보다는 해운업을 강조했다.

유럽인이 청어를 많이 먹은 데는 2가지 이유가 있다. 우선 단백질 공급원이 부족했기 때문이다. 서양인이 고기를 손쉽게 접하게 된 것은 19세기 냉동선이 발명되면서다. 그전까지 붉은 고기는 쉽게 접할 수 없는 사치품이었다. 게다가 유럽은 후추 등 향신료가 풍부하지 않았기 때문에 고기 요리는 지금과는 다른 고약한 냄새가 나는 염장 육류가 대부분이었다. 따라서 염장 생선은 위도 탓에 낮부터 컴컴해지는 북유럽의 겨울철을 지탱해주는 긴요한 음식이었다. 발효를 하면 원래보다 풍부한 맛을 느낄 수 있었다. 이는 염장하면 맛이 없어지는 육류와 큰 차이였다.

지금도 스웨덴에서는 수르스트뢰밍surströmming이라는 염장 발효 청어를 즐겨 먹는다. 이 음식은 세계에서 가장 냄새가 고약한 음식으로 선정되었으며 일부 국가에서는 발효 가스의 폭발 위험 때문에 수르스트뢰밍 통조림의 비행기 반입을 금지하기도 했다. 그래도 스웨덴 사람들은 빵에 수르스트뢰밍을 올려 별미로 즐겨 먹는다.

청어의 수요 증가에는 종교적인 이유도 있었다. 부활절 등 각종 종교적 행사를 앞두고 소고기나 가축의 육식을 금지하던 중세 그리스도교의 전통 탓에 염장 청어 수요는 지속적으로 증가했다.

청어의 수요 증가는 필연적으로 소금 거래량을 늘렸다. '배 위에 올라오면서부터 썩기 시작한다'는 등 푸른 생선을 오래 두고 먹으려면 염장이 필수기 때문이다. 청어 염장에 사용된 최초의 소금은 폴란드 등 동유럽 내륙지역에서 나는 암염이었다. 이 암염을 나르면서 북유럽의 교역로가 열리기 시작했다.

이 교역로는 남유럽의 해상 무역로와 함께 유럽의 주요한 상업 루트가 되었다. 이 상업 루트는 이슬람 제국의 무역로와 연결되면서 북유럽 국가에 중국·인도 등 다른 대륙의 상품을 전달했다.

암염의 무역로를 따라 북유럽의 핵심 상품인 모피·목재·구리 등이 유럽 시장으로 나오기 시작했다. 소금과 청어가 생존 필수품이라면 모피는 고부가가치 상품으로 동양의 비단이나 도자기에 견줄 수 있는 중요한 교역품이었다. 이 때문에 모피는 유럽 왕과 귀족의 주요 자금원으로 사용되었다. 유럽의 시장은 이슬람 시장과 연계되었다. 바그다드 시장에서 북유럽의 모피를 살 수 있었고 북유럽에서도 아랍의 향신료와 설탕, 동양의 도자기와 비단을 구입할 수 있었다.

북유럽 상인과 남유럽 상인의 차이는 교역품만이 아니었다. 북유럽 상인들은 자신의 안전을 지키려고 지역 국가와 맞서는 상인 간 동맹을 맺었다. 대표적인 것이 한자동맹이다. 북유럽 도시 간의 동맹은 베네치아·제노바 등 이탈리아 도시국가가 치열하게 경쟁하면서 전쟁을 불사했던 것과는 분명한 차이를 보였다.

게다가 한자동맹은 한 도시가 얻은 관세와 통행 등 특권을 다른 동맹 도시에도 그대로 적용할 수 있게 했다. 이와 같은 한

자동맹의 끈끈한 유대감은 중세의 상업 전통에서 비롯되었다. 10세기부터 등장한 유럽의 상인 집단은 성실 서약으로 결합한 무장 집단이었다. 이들은 조합을 만들어 공동으로 상품을 구매해 공동으로 판매했고 정해진 비율에 따라 이익을 분배했다. 한자동맹은 육상에서 시작된 이런 중세적 전통을 바다 위에서도 그대로 유지했다.

한자동맹은 1358년 플랑드르의 상업 봉쇄에 맞서 라인강과 북해·발트해 도시들이 동맹을 결성하면서 시작되었다. 그러나 실제적인 동맹은 더 일찍 이루어졌을 것으로 추측된다. 자유로운 교역을 요구했던 이들은 지배층인 왕과 영주의 관점에서 보면 골칫거리였을 것이 틀림없기 때문이다. 동양의 전제군주가 상인을 끊임없이 감시하고 별다른 이유 없이 재산을 몰수했던 것도 이 때문이다.

한자동맹은 수백 년 동안 전제군주의 폭력적인 수탈을 밀고 당기는 아슬아슬한 계약으로 막음으로써 '사유재산의 보장'이라는 자본주의의 필수 조건을 유럽에 퍼뜨렸다. 비슷한 시기, 명나라는 남송의 멸망을 상인계급의 난립 때문으로 간주하고 해상무역 자체를 하루아침에 철폐했다. 이를 감안해보면 유럽인이 누린 자유의 무게를 느낄 수 있을 것이다. 비슷한 시기 조선은 『경국대전』에 의거해 물건을 사사로이 파는 난전을 여는 사람을 장 30대로 다스렸다.

한자동맹은 자신들이 가진 배타적인 특권을 동맹에 가입한 도시 사람들도 누리게 하면서 기반을 넓혔다. 한자동맹은 독일은 물론이고 스웨덴·덴마크·러시아에 걸쳐 있던 상업 도시의 연합체였다. 가입 도시는 적을 때는 50여 개에서 많을 때는 100개가 넘었다고 한다. 한자동맹을 대표하는 도시는 독일 북부의 뤼베크(이 도시는 한자동맹의 여왕으로 불렸다)와 함부르크, 독일 중부의 프랑크푸르트와 쾰른, 독일 남부의 아우크스부르크 등이었다.

청어, 상업자본을 탄생시키다

여러 지역의 도시가 뭉친 한자동맹은 북유럽은 물론 유럽 전역의 강자로 자리 잡았다. 한자동맹은 1370년 덴마크와 10년간의 전쟁 끝에 승리해 슈트랄준트 조약을 체결하기도 했다. 이 조약으로 한자동맹의 상선들은 덴마크에 항운 안전을 보장받았고 무역과 어업권까지 얻어냈다. 전리품 가운데에는 덴마크 왕위 계승에 개입할 권리도 있었다. 이어 한자동맹은 영국과의 전쟁에서도 승리하며 북유럽 최대 세력으로 떠올랐다.

한자동맹이 영국·덴마크 등 유럽의 강국들과 전쟁을 벌여서 이길 수 있었던 것은 순전히 재력 덕분이다. 이들은 청어 어업으로 얻은 부를 바탕으로 교역은 물론 광업·목재업·조선업 등 끊임없이 사업을 확장했다.

여전히 지역 세습 영주들은 비합리적이고 전근대적인 통치를 하고 있을 때, 상인들은 재력을 바탕으로 도시의 발전을 이끌었다. 이들은 영주나 왕에게 이익의 일부를 상납하고 통상通商의 자유를 확보했다. 물론 뇌물을 주고 얻은 독점 계약도 존재했다. 이들의 계약에는 관세나 세금을 징수할 권리도 포함되었기 때문이다. 일부 국가에서는 외국인인 이들의 특권을 눈엣가시처럼 여기기도 했다.

실제 영국에서 제철소 운영과 면세 특권을 유지하려고 왕실에 열심히 정치헌금을 했다는 기록도 남아 있다. 하지만 그런 활동 덕분에 공권력을 가진 정치 세력에게 나름의 사적 재산권을 인정받는 법적 계약을 성취했다. 상인들은 이후 시민혁명의 구심점을 역할을 하는 부르주아지bourgeoisie로 성장했다. 그들의 장점은 계약을 통한 견제와 균형이었으며 이는 자본주의를 넘어 민주주의의 핵심 가치로 자리매김했다.

상인이 왕이나 영주와 계약을 맺을 수 있었던 것은 유럽 도시의 상당수가 자체적으로 형성되었기 때문이다. 동양을 비롯한 다른 지역에서는 강력한 왕권이 잉여생산물을 기반으로 도시를 건설했다. 기원전 3000년 최초의 도시인 히타이트가 그랬고 명나라의 베이징이나 조선의 한양도 그랬다. 하지만 서로마제국 멸망 이후 강력한 중앙집권 세력이 없었던 유럽에서는 권력에서 자유로운 자치도시가 많았다. 이런 도시들은 왕의 지나친 개입을 원하지 않았고, 왕도 권력에 도전하지만 않고 세금만 잘 낸다면 자치권을 보장했다. 이런 느슨한 중세 전통은 사유재산과 권력 견제 의식을 싹 틔웠다. 영국에서는 사적 재산권을 인정하는 계약이 한 도시를 넘어 국가 차원으로 이어지기도 했다. 왕과 귀족 간의 계약을 명시한 대헌장이 대표적이다.

이런 정치적 자유는 경제적 혁신을 일구었다. 수많은 시행착오를 거쳐 이익을 극대화하는 방향으로 상공업이 진화했기 때문이다. 때마침 12세기부터 휴경지를 두어 지력을 끌어 올리는 삼포식 경작법이 도입되면서 농업생산력이 증가하기 시작했다. 농업생산력의 증가는 농기계의 발전을 이끌었다. 이때 아랍에서 캠이 들어왔다. 캠은 자연에서 얻은 회전운동을 왕복운동으로 바꾸어주는 장치다. 이 기술을 토대로 영주와 수도원이 독점한 물레방아를 대신할 풍차가 수없이 들어섰다. 기계장치에 대한 관심과 농업생산력의 증가로 상공업이 발전했고 잉여생산물이 발생하면서 도시 간의 교류가 빈번해졌다.

이에 따라 노동에 대한 수요가 늘어났다. 거기에 페스트로 유럽 인구의 3분의 1이 사망하면서 노동력은 귀해졌고 임금은 올라가기 시작했다. 농노들이 자신을 묶던 봉건제의 끈을 자르고 도시로 모여들었다. 도시에는 일자리가 있었고 자유가 있었다. 이런 흐름은 중세 신분제를 무너뜨리는 일등 공신이 되었다. 한자동맹이 퍼져 있던 북유럽 지역에서 인쇄술과 종교 혁명이 나온 것은 우연이 아니었다.

한자동맹의 공은 또 하나 있다. 바로 대부업usury의 합법화다. 대부업이 합법화되면서 거대 상인의 활동이 자유로워졌고, 거대 상인의 자본이 모여 근대적 의미의 주식회사와 은행의 탄생으로 이어졌다.

중세는 그리스도교적 질서를 중시했다. 『성경』은 사고와 행동의 규범이었다. 『성경』은 돈놀이인 대부업을 죄악시했다(이슬람 경전인 『쿠란』도 마찬가지다). 한 푼이라도 이자를 받으면 그것은 바로 우수라usura로, 하느님의 질서를 파괴한 용서받을 수 없는 죄로 지옥에 떨어진다고 여겨졌다. 교황청은 라테란공의회에서 "고리대금업자는 파문한다"고 재확인했다.

하지만 예나 지금이나 급전이 필요한 사람은 늘 있다. 유럽에서 이런 대부업을 도맡아온 사람이 유대인이었다. 유대인은 『구약성경』의 「신명기」에 "이방인에게는 이자를 받고 꾸어주어도 되지만, 너희 동족에게는 이자를 받고 꾸어주어서는 안 된다"라고 적혀 있기 때문에 유대인이 아닌 다른 민족을 상대로 한 대부업은 문제가 없다고 여겼다. 이는 유대인이 유럽 전역에서 오랫동안 탄압의 대상이 된 이유이기도 했다. 뿌리 깊은 유대인에 대한 질시와 원망은 유대인에 대한 재산 몰수와 추방을 넘어 학살로 이어졌다.

하지만 상업이 발달하면서 도시가 생기자, 낮은 이자의 급전은 괜찮은 것 아니냐는 목소리가 나왔다. 이런 목소리는 소규모 급전을 거래하는 서민이 아니라 큰돈이 오가는 거상 사이에서 나왔다.

거상들은 주로 해운을 통해 물건을 거래했다. 선박 운행의 특성상 계약 시점과 물품 인도 시점 사이에 몇 달이 걸리기도 했다. 그래서 물건 대금은 주로 어음으로 지급되었다. 어음을 받은 사람은 이를 환전상을 거쳐 현금으로 유통했고 이런 과정에서 필연적으로 이자가 붙었다. 그러나 중세에는 이자가 불법이었고, 상인들은 은행 구실을 하던 환전상을 통해 다른 나라의 돈으로 이자를 수취했다. 하지만 무역 거래가 늘어날수록 어음 유통에 대한 불편이 커져갔고 이자에 대한 인식 전환이 요구되었다.

일부 이탈리아 도시에서는 이자를 법으로 정하기도 했다. 대부업으로 유명했던 파도바에서는 법령으로 담보가 있을 경우 20퍼센트, 담보가 없을 경우 30퍼센트 이자를 받도록 했다. 심지어 1264년에는 부분적으로 40퍼센트의 금리도 인정했다.

교회는 대부업자에게 성사를 주는 것과 교회 묘지에 매장하는 것을 금지했지만, 교회나 왕이나 귀족 같은 유력자들에게 담보 없이 돈을 빌려주는 대부업자들은 처벌을 받지 않았다.

단테가 『신곡』에서 묘사한 지옥에 떨어질 고리대금업자의 모델은 파도바에서 활약하던 스크로베니Scrovegni 가문이었다. 단테는 스크로베니 가문을 '암퇘지의 자궁vulva scruffe'이라고 불렀다. 사채업자들은 당시 교회법에 따라 교회 묘지에 묻히지 못하게 되어 있었지만, 그들의 묘는 교회 묘지에 마련되어 있었다. 지옥으로 떨어져야 한다고 저주했던 스크로베니 가문이 교회나 관의 처벌을 받았다는 기록은 없다. 그들은 교황이 포함된 권력자의 돈을 관리해주었기 때문이다.

이탈리아 도시 상인뿐 아니라 한자동맹과 같은 거대 상업 자본은 왕과 영주들에게 거액을 빌려주고 무관세나 독점 판매 등 상업적 특혜를 누렸다. 교회 역시 그들의 주거래 대상이었다. 국제무역을 독과점하고 권력자와 결탁하던 이들은 유럽 각국의 왕위 계승은 물론 교황 선출에도 개입했다. 대표적인 것이 3명의 교황을 배출한 피렌체의 메디치 가문과 스페인의 카를로스 1세를 신성로마제국 황제로 선출하는 데 기여한 아우크스부르크의 푸거Fugger 가문이다. 그들은 '중세의 불합리'라는 비탈에서 위태롭게 살던 왕이나 종교 지도자들보다 영리하고 부유했다. 메디치 가문은 심지어 스스로 피렌체 왕위에 올랐다.

대부업은 어떻게 합법화되었나?

대규모 대부업자들이 실정법의 처벌을 받지 않았다고 하지만, 그리스도교적 질서가 내재화된 중세 사회에서 돈을 빌려주고 이자를 받는 것에 어떤 두려움도 없었다고 보기는 힘들다. 아무리 국제적으로 활약한다고 해도 대부업자에 대한 시선은 서늘했다. 독일에서는 푸거 가문을 규탄하는 시위가 빈번하게 일어나기도 했다.

　돈놀이에 대한 차가운 시선을 힘들어 했던 사람은 대부업자만이 아니다. 왕이나 종교 지도자도 동병상련이었다. 왕들은 자신을 과시할 사치품 구입과 빈번한 전쟁에 쓸 경비를 세금으로만 대기 어려웠다. 당연히 거상에게 급전을 빌릴 때가 많았다. 거상은 급전의 대가로 독점적인 무역권이나 관세 감면 등의 특권을 받았다. 대헌장 같은 규범 덕분에 세금 징수가 쉽지 않았던 영국의 왕들은 한자동맹 상인과 이탈리아 상인의 급전을 즐겨 썼다.

　영국 왕 에드워드 1세Edward I는 1275년 양모 수출권을 이탈리아 리치아르디Ricciardi라는 상인에게 주고 모든 왕실 경비를 대게 했다. 그러나 일개 상인이 국내에서는 웨일즈와 스코틀랜드와 전쟁을, 국외에서는 프랑스와 100년 전쟁을 벌이던 에드워드 1세의 돈을 모두 대기는 역부족이었다. 결국 에드워드 1세는 이탈리아 상인의 대부를 포기했다. 이 사건은 유럽 최초의 신용위기로 기록되었다.

에드워드 1세는 이탈리아 상인의 돈만 쓴 게 아니었다. 그는 1303년 상인 대헌장Carta Mercatoria을 만들었다. 신新관세 명목으로 구舊관세의 절반을 추가로 납부하면, 거주의 자유와 통행세 면제 등 광범위한 특권을 부여했다. 영국 상인들은 1487년 헨리 7세Henry VII가 취임하기 전까지 한자동맹 등 외국 상인들의 특권을 철폐하려고 동분서주해야 했다. 이처럼 왕들도 급전을 쓰는 현실에서 대부업을 죄악시하는 교회의 방침은 분명 모순이었다.

이런 모순은 4세기 그리스도교가 공인된 이후 1,000년 넘게 지속되었다. 이 모순은 결국 지옥에 떨어질 대부업자와 그들을 심판해야 하는 교회의 합작으로 풀렸다. 교계는 1500년 초 대부업자에 대한 시각 전환을 꾀했다. 프랑스의 학자이자 교육자인 장 제르송Jean de Gerson은 "금지될 대금업은 차입자를 가혹하게 대할 목적으로 대출할 때"라고 주장했다. 비슷한 시기인 1515년 독일의 신학자인 요한 마이어 본 에크Johann Maier von Eck는 "5퍼센트의 금리야말로 하느님이 용서하실 수 있는 합리적인 이자의 상한선"이라는 주장을 내놓았다.

에크가 이런 주장을 한 것은 당시 독일 지역의 최대 상인이었던 푸거 가문의 후원 탓이었다. 에크는 종교개혁을 주장하던 루터를 파문할 정도로 가톨릭교회와 상인의 편이었다. 반면 에크와 한때 친구였던 루터는 푸거 가문이 독점하던 광산에서 일을 했던 광부의 아들이다.

금융이 그렇게까지 발달하지 않은 북유럽에서 이렇게 군불을 때자 교황청이 나섰다. 교황 레오 10세는 같은 해 일명 '피에타법'을 만들어 가난한 자에게 5퍼센트의 이자 수취까지를 합법화했다. 레오 10세는 면죄부를 팔고 이를 비판하는 루터를 파문해 종교개혁의 원인을 제공한 문제적 인물이었으나, 그의 결정은 이자가 높고 낮음에 상관없이 모든 대부업이 죄악이라는 중세 그리스도교적 사고를 근대 자본주의적 사고로 변화시키는 데 큰 역할을 했다.

청어로 흥한 자, 청어로 망하다

청어는 북유럽 해안 도시의 돈줄 구실에 그치지 않고 대부업을 합리화하는 동력이 되었다. 이는 자본주의를 여는 큰 계기가 되었다. 자본이 이동하면서 새로운 신용이 창출되어 사회에 엄청난 활력을 주었기 때문이다. 이런 신용 창출은 이탈리아의 환전상에서 시작해 네덜란드로 옮겨갔다. 네덜란드가 17세기 바다의 패권을 장악했던 것은 청어잡이로 얻은 부와 금융 시스템에 대한 높은 이해 덕분이었다.

그러나 청어잡이의 원조였던 한자동맹은 아이러니하게도 청어가 전달해준 지혜를 지키지 못했다. 표면적인 이유는 해류의 변화였다. 1416년부터 1425년 사이에 발트해에 넘쳐나던 청어가 사라졌다. 900~1300년까지는 한파가 없어 '중세 온난기'로 불렸다. 이 시기에는 영국에서 포도가 자랄 정도로 날씨가 따뜻했다. 중세의 농업생산량이 늘어난 이유이기도 하다. 그러나 14세기부터 평균기온은 급강하했으며 인도네시아의 화산 폭발로 1560년 유럽의 온도가 급감하는 소빙하기가 일어났다. 15세기 초 발트해에 청어가 사라진 것은 이런 소빙하기의 전주로 해석해야 한다. 소빙하기를 앞두고 조류의 흐름이 바뀌었던 것이다.

청어는 북해 남부에 위치한 네덜란드 앞바다로 활동 무대를 옮겼다. 좀더 따뜻한 바다에서 겨울을 나기 시작한 것이다. 스페인의 식민지로 뱃사람이 많았던 네덜란드는 이 기회를 놓치지 않았다. 네덜란드인은 청어를 잡자마자 머리와 내장을 처리해 배 위에서 곧바로 염장하는 방법을 개발했다. 그만큼 신선한 상태로 팔 수 있었고, 그만큼 어획량이 늘어났다. 또 정부와 업계가 손을 잡고 청어를 잡는 법과 가공하는 법 등을 통합·정비했다. 일정 기간 청어잡이를 금지하기도 했는데, 자원 고갈을 막으려는 앞서 가는 결정이었다.

17세기 네덜란드의 청어잡이 선단. 당시 네덜란드 인구의 20퍼센트가 청어 산업에 종사했을 만큼 청어잡이는 대규모로 이루어졌다.

이런 배경으로 16세기 네덜란드는 수산업의 황금기를 이루었다. 1662년 기록에 따르면 청어 관련 산업에 종사자는 45만 명이었는데, 이는 전 인구의 20퍼센트에 달했다. 당시 농업에 종사하는 인구가 20만 명 정도였으니 네덜란드의 청어 산업이 얼마나 큰 규모인지 짐작할 수 있다. 미국을 식민지로 개척한 영국의 정치가 월터 롤리가 "암스테르담은 청어의 뼈 위에 건설 되었다"고 말했던 이유다.

네덜란드의 성장의 표면에는 청어가 있다. 하지만 이면에는 새로운 돈의 흐름이 있었다. 1492년 알람브라 칙령으로 스페인에서 추방된 유대인들은 당시 사상의 해방구였던 네덜란드에 대거 정착했다. 네덜란드는 또 한자동맹이 공급하던 소금을 북유럽 암염에서 이베리아반도의 천일염으로 바꾸었다. 네덜란드는 북유럽과 남유럽을 잇는 무역로를 확보했으며 이 항로를 이용한 삼각무역으로 큰 부를 일구었다.

여기에 네덜란드와 영국의 상인들은 주식회사를 만들어 선박 제조와 무역 사업에 필요한 자금을 낮은 금리로 조달할 수 있게 되었다. 세계 최초의 주식회사인 네덜란드 동인도회사가 대표적이다. 주식시장과 주식회사 역시 세계에서 처음으로 만들어졌다. 당시 네덜란드의 자금 조달 금리는 지금 보아도 합리적인 수준인 3퍼센트대에 불과할 정도였다고 한다. 덕분에 16세기 중반 네덜란드는 북방 무역의 70퍼센트를 장악했고 전 유럽의 상선보다 많은 상선을 보유한 유럽 최고의 해양 국가로 발돋움할 수 있었다.

그러나 원조 청어잡이였던 한자동맹은 네덜란드와 반대의 길을 걸었다. 한자동맹은 금융이 경제의 혈관이라는 것을 이해하지 못했다. 주식회사를 만들었던 네덜란드나 국영 은행을 만들 정도로 금융에 밝았던 이탈리아 상인에 견주어 한자동맹은 금융 시스템에 무지했다. 중세 상인의 전통에 너무나 충실했던 것일까? 그들은 분쟁의 소지를 없애려고 동맹 도시끼리 물물교환을 선호했다. 그들은 교황과 왕이 나서서 면죄부를 주려고 했던 어음을 네덜란드와 이탈리아 상인처럼 많이 취급하지 않

았다. 한자동맹은 이탈리아 도시와 같은 상업자본주의 체제가
아니라 일종의 해운동맹이었다는 평가가 나오는 이유이기도
하다. 한자동맹은 중세 봉건 경제 시스템에 일대 혁신을 가져온
계기를 마련했는데도 권력과 특권에 의존하다가 결국 1669년
폐쇄되었다.

반면 청어가 몰리던 네덜란드는 1609년 근대적 의미의 은
행인 암스테르담은행을 만들면서 당시 전 세계의 무역 중심지
뿐 아니라 금융 중심지의 역할을 했다. 암스테르담은행은 이탈
리아, 특히 베네치아의 은행에서 영감을 받았다는 것이 정설이
다. 12세기 국제적 상거래가 활발하던 이탈리아 도시의 환전상
들은 거리에 벤치(un banco 혹은 una banca, 반코는 남성명사고
반카는 여성명사인데 이탈리아에서는 이 둘을 혼용한다)를 놓고 환
어음 영업을 했다. 은행bank이라는 단어는 이탈리아 환전상에
서 유래된 것이다. 이탈리아 환전상이 어음을 취급한 것은 불
법화된 이자를 대신해 환차익을 얻으려는 꼼수였다. 또 환전
수수료는 다른 나라 통화가치의 변동 위험성을 부담하기 때문
에 이자 수취라는 비판에서 자유로운 편이었다.

국제적인 어음 유통으로 이탈리아 상인들은 금융업에 눈을
떴고, 예금업과 대출업 등 상업은행 기능을 하는 은행들이 만
들어지게 되었다. 특히 베네치아의 중심가인 리알토 거리의 은
행가가 유명했다. 이 은행들은 당좌 계좌를 취급했는데 당좌

지금은 베네치아의 관광 명소 중 하나인 리알토 다리 주변에는 은행들이 있었다. 이 은행들은 일종의 신용화폐를 취급했고, 베네치아 당국은 은행의 신뢰도를 높이기 위해 이들을 관리·감독했다.

계좌는 요구불예금처럼 필요에 따라 인출할 수 있고 지급이 보증되는 요즘의 신용화폐와 다를 것이 없었다. 베네치아는 이런 은행 거래의 신뢰를 높이기 위해 은행 거래를 감독하고 관리했다. 이런 맥락에서 베네치아는 1587년 국영은행Banco della Piazza di Rialto을 설립했다. 이 은행은 설립 초기 100퍼센트 준비금을 갖추고 대출이 아닌 지불만 했다.

네덜란드는 한발 더 나갔다. 암스테르담 시의회는 1609년 암스테르담은행이라는 공공은행을 만들었다. 이 은행은 시중 은행의 지불 결제만 전담하고 기업이나 시민을 상대로 대출이나 투자를 하지 않았다. 오늘날 중앙은행이 기업이나 가계를 상대하지 않고 은행만을 상대하는 '은행의 은행'인 것과 비슷했다.

시의회가 공적 성격의 은행을 만든 것은 두 가지 이유에서였다. 당시 네덜란드는 유럽 물류의 중심지였던 만큼 각 나라의 많은 종류의 화폐가 쏟아져 들어왔다. 대항해 시대 전후로 유럽에는 동전의 금속 함량을 속이는 행위가 빈번했다. 암스테르담은행은 민간은행에서 받은 주화 가운데 위조나 불량인 동전을 제거한 뒤 양질의 주화만을 시중에 공급했다.

다음으로는 어음 사기나 부도를 막기 위해서였다. 암스테르담의 민간은행이나 환전상들은 수신한 예금 전액을 암스테르담은행에 예치해야 했고, 어음 결제는 예치금 범위에서만 가능하게 만들었다. 당시 네덜란드는 스페인과 독립전쟁을 하고 있어 민간은행 부도와 같은 금융 사건은 네덜란드 경제뿐만 아니라 독립운동에도 타격을 미칠 수 있다고 판단했다.

그 덕분에 암스테르담은행의 결제 화폐였던 뱅크플로린bank florin은 당시 유럽에 난무하던 주화보다 가치가 높게 매겨졌다. 잘 정비된 금융 시스템 덕분에 서류상으로 존재하던 신용 화폐가 오히려 귀금속이 포함된 현실 화폐보다 높은 가치를 인정받았던 것이다. 암스테르담은행의 성공은 국가 주도의 화폐, 즉 중앙은행의 화폐가 나오는 계기를 마련해주었다.

1668년 스웨덴 정부는 암스테르담은행을 참고해서 리크센스 스텐데르스Riksens Ständers(왕국 영토의 은행, 릭스방크)라는 은행을 만들었다. 이 은행은 지금의 스웨덴 중앙은행이 되었다.

1694년 영국에서도 한 상인의 제안으로 잉글랜드은행이 세워졌다.

우리나라에서 영란은행으로 불리기도 하는 이 은행은 국채를 관리하고 은행권을 독점 발행하면서 최초로 근대적 의미의 중앙은행이 되었다. '은행의 은행'으로 불리는 중앙은행 시스템이 설립되면서 국가 주도로 무역 활동을 보증하고 새로운 신용을 창출하게 되었고, 영국을 비롯한 유럽 국가들은 본격적으로 자본을 축적하기 시작했다.

국가 주도의 은행과 화폐가 등장한다는 것은 경제의 무게중심이 도시국가에서 더 큰 규모의 민족국가로 옮겨간다는 의미다. 안정적인 은행의 등장으로 신용 창출을 통한 유동성이 급증해 국가의 경제 규모가 커졌다. 상업 자본가들의 사업 자금조달도 수월해지면서 유럽 각국에서 진정한 의미의 자본축적이 일어나게 되었다. '유럽의 변방' 영국이나 스페인의 식민지에 불과했던 네덜란드가 그리스·로마의 전통을 이어받은 이탈리아 도시국가와 이슬람 제국을 따돌리게 된 결정적인 계기는 대포와 배 같은 군사력이 아니라 금융이었다.

이때부터 시작된 유럽의 해운업은 노예무역으로 많은 아프리카인을 노예로 전락시키기도 했다. 그러나 이런 한계에도 자본주의는 민주주의를 추구했고, 이 새로운 사회·경제체제가 노예제나 중세의 봉건제도보다 합리적이었다는 것을 부인하기는 어렵다. 이처럼 청어는 종교에 속박되어 있던 중세를 변화시켜 유럽이 새로운 세상을 만드는 데 결정적인 도움을 주었다.

비유어가 아니라 비사어肥4漁가 되었으면

조선에서도 청어는 많이 잡혔다. 청어는 조선에서도 대표적인 서민 생선이었다. 청어는 가난한 선비를 배부르게 한다는 뜻으로 '비유어肥儒漁'라고 불리기도 했다. 아쉽게도 이 땅에서 청어는 생각의 혁신을 가져오기보다는 배고픔을 잊게 해주는 1차원적인 식량의 구실만 했다. 그나마 지금은 청어가 예전만큼 잡히지도 않는다. 겨울철 해풍에 말린 청어로 만들던 과메기는 이제 꽁치로 만든다. 제4차 산업혁명이 한창인 와중에 사회적 합의가 아쉬운 요즘, 중세 유럽 북유럽 사람들에게만 선물을 주었던 청어가 야속하게만 느껴진다.

9

인류사의 비터 앤드 스위트,
설탕과 후추

"오늘날 우리는 고기에 보충제를 필요로 한다. 마
치 매장할 시체에 향유를 바르듯이 기름, 와인, 꿀,
생선 페이스트, 식초를 시리아와 아라비아의 향신
료와 섞는다."

• 플루타르코스

달콤하고 매운 맛의 힘

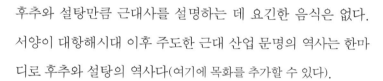

후추와 설탕만큼 근대사를 설명하는 데 요긴한 음식은 없다.
서양이 대항해시대 이후 주도한 근대 산업 문명의 역사는 한마
디로 후추와 설탕의 역사다(여기에 목화를 추가할 수 있다).

　물론 역사학계에서는 에너지·금융·과학 등으로 근대 문명
이 도래한 과정을 설명하기도 한다. 에너지 관점에서는 18세기
산업혁명이 영국의 노천에 흔했던 석탄에 기반했다고 본다. 그
리고 대량생산·대량 소비를 특징으로 하는 현대자본주의는 미
국의 석유 산업에 의해서 시작된 것으로 해석한다. 비슷하게
은행·보험·주식회사가 사업가의 초기 자금 조달을 쉽게 하고
경제는 물론 사회 전체에 활력을 주었던 것도 틀리지 않다. 총
과 대포를 개량하고 증기기관과 전기 등을 선물한 서양의 과학

설탕과 후추는 서양의 발전을 이끌었고, 그만큼 서양을 제외한 지역에는 재앙을 안겼다.

도 화약을 최초로 만들었던 중국과 돌 대포로 동로마제국을 멸망시킨 이슬람 세계를 주눅 들게 하기에 충분했다.

그러나 에너지, 금융 그리고 과학보다 직접적으로 서양 문명에 변곡점을 가져온 것은 후추와 설탕이라는 음식이었다. 후추는 유럽인을 바다로 뛰어들게 해 넓은 신대륙을 식민지로 만드는 계기가 되었다. 설탕은 확보된 식민지에 심었던 환금작물이었다(목화 역시 면사를 만드는 환금작물이었다). 후추와 설탕이라는 불쏘시개가 없었다면 문명의 변방이자 유럽의 변방이었던 서유럽에서 산업혁명이 들불처럼 일어날 수 없었을 것이다.

산업혁명을 주도한 영국은 고대 문명의 발상지였던 중동이나 인도·아시아와도 멀었고 유럽 문명의 뿌리라고 할 수 있는 그리스·로마와도 거리가 멀었다. 한마디로 문명의 곁불을 쬐던 영국과 그 영국의 비주류였던 청교도가 세운 미국은 세계 역사를 바꾸는 사회·경제 시스템의 혁명을 만들어냈다. 그리고 서양 사상의 초석을 놓았던 그리스 철학자 플라톤마저 경계해 마지않았던 민주주의를 전 세계에 퍼뜨렸다.

자본주의를 연 후추, 자본주의를 이끈 설탕

그렇다면 어떻게 유럽은 15세기까지 지중해를 지배했던 이슬람을 제치고, 17세기까지 세계경제 총생산의 절반을 차지했던 중국과 인도와의 경쟁에서 앞서 나갈 수 있었을까? 후추와 설탕으로 설명이 가능하다. 후추·설탕 국제무역은 초유의 자본 축적을 가져왔다.

유럽인은 영리하게 한 발 더 나가 이런 노하우에 정치적·법적인 지속성을 부여했다. 유럽 상인들은 중국의 황제나 이슬람의 술탄처럼 상인을 멸하고 재산을 몰수하는 비합리적 결정을 내릴 수 있는 권력자를 막을 시스템을 마련하려고 수백 년간 노력했다. 심지어 그들은 모든 것을 마음대로 하려는 폭군이 등장하면 시민혁명을 일으켜 왕을 참수했다. 국회를 만들고 중앙은행을 만들어 왕을 법과 돈으로 견제했다. 농민이 지주·귀족과 맞서 싸워 만든 고대 그리스 폴리스의 전통이던 민주주의가 성문법으로 만들어지기 시작했다.

자본주의와 민주주의의 결합을 가장 먼저 시도한 나라는 영국이었다. 영국의 혁신은 영국을 세계 최강국으로 부상시켰고 유럽은 영국을 따라 하기 시작했다. 영국의 변화는 유럽의 변화를 가져왔다. 그전까지 유럽의 바다를 지배하던 도시국가가 축소되고 민족국가의 개념이 생겼다. 누가 왕인지에도 관심 없던 지역에 국경이 그려졌다.

그리고 유럽인들은 이슬람 세력을 유럽에서 몰아내기 시작했다. 1683년 그리스도교 연합군이 빈을 침공한 오스만제국을 손쉽게 무찌른 뒤 이슬람 세력은 급속도로 위축되기 시작했다. 이후 유럽과 같은 종교 경전을 읽고 한때 고대 그리스 문명의 유일한 상속자였던 아랍은 유럽이 아니라 아시아로 규정지어졌다. 산업혁명 이후 영국이 쓰던 중동middle east이라는 단어는 애초 극동far east의 비교급 명사였지만 아랍을 지칭하는 보통명사가 되었다. 이슬람 제국의 적자였던 오스만제국에 '야만', '타락' 따위가 덧칠되기 시작한 것도 이때다.

오스만제국은 유럽과 숱한 전쟁을 벌이며 북아프리카와 유럽을 포함한 넓은 영토를 거의 빼앗기고 1922년 사라졌다. 오스만제국의 옛 땅에는 유럽인이 그린 국경이 생겨났다. 영국과 프랑스가 중심이 되어 석유를 얻으려고 마음대로 그린 국경은 현재도 중동 분쟁의 주요한 원인이다.

불행은 이슬람 지역에만 있지 않았다. 유럽인은 이슬람을 유럽에서 축출하기 전에 이미 아메리카 선주민을 95퍼센트 이

유럽인들은 아프리카인을 '사냥'해 플랜테이션 설탕 농장에서 강제 노동을 시켰다. 식민지의 값싼 원재료와 노예의 값싼 노동력은 유럽 제국주의자들에게 막대한 부를 가져다주었다.

상 절멸시켰다. 서양인은 자신들이 기록한 것처럼 청동기 문명 수준에 머물러 있던 선주민들을 '개미처럼 죽였'다. 그래서 식민지 운영에 어려움이 생기자 아프리카에서 노예를 조달했다. 적어도 1,000만 명의 아프리카인이 노예사냥꾼에게 사냥되어 짐승 같은 삶을 살아야 했다.

15세기 대항해시대를 연 포르투갈이 먼저 선보이고 스페인이 본격 시행한 노예무역은 영국이 계승·발전했다. 유럽인이 아프리카인을 아메리카로 끌고 간 것은 설탕 농장 때문이었다. 당시 설탕은 후추처럼 가격이 비싼 향신료였다. 식민지 플랜테이션은 커피·목화·고무·차 농장으로 끝없이 확대되었다.

식민지의 값싼 원재료와 흑인 노예·식민지 피지배층의 값싼 노동력에 의존해 상품을 만들어 전 세계에 파는 삼각무역으로 유럽 국가들은 초유의 부를 쌓기 시작했다. 은행과 주식회사 등 새로운 금융 기법과 자금 조달 방법도 고안되었다. 그 부를 바탕으로 유럽인은 과학혁명을 일으켰고 18세기 말에는 증기기관으로 구동되는 기계에 의한 대량생산의 시대를 열게 되었다. 유럽에서 시작된 자본주의는 세계를 하나로 연결했다.

초기 자본주의 네트워킹은 매우 폭력적이었다. 영국인은 자국 상품을 사지 않던 중국에 마약을 팔았고 영국보다 면사를 잘 만들던 인도 기술자들을 고문하고 죽였다. 피해 국가가 항의하면 전쟁을 선포했다. 은행이 후원하고 국회가 인준하는 전쟁에서 영국을 비롯해 유럽은 승승장구였다. 18세기까지 세계 최고의 경제 대국이었던 중국과 인도조차 이들을 당해낼 수 없었다. 중국과 인도가 대항할 수 없다는 것은 유럽 국가를 제외하면 유럽 국가의 오만을 견제할 수 있는 나라가 없었다는 이야기다. 세계대전으로 불린 유럽 국가 간의 엄청난 전쟁은 자본주의 초기부터 예정되어 있던 셈이다.

양 떼가 뛰놀던 영국에서 일어난 산업혁명

산업혁명이 일어난 직접적인 계기는 음식이 아니라 섬유였다. 18세기 말 섬나라 영국에서 면화로 면사를 짜는 방적기와 이를 천으로 직조하는 방직기가 발명되었다. 최초의 방적기는 물의 힘으로 움직였으나 곧 증기기관으로 대체되었다. 이 방적기 덕분에 목화 재배를 하지 않는 영국이 세계 최대 면직물 생산 국가로 발돋움했다.

영국이 목화를 키우기 어려운 기후인데도 면직물 생산에 관심을 가진 것은 아주 간단한 이유에서였다. 가볍고 가공하기 쉬운 면직물은 세계에 팔기 좋은 상품이었기 때문이다. 요즘의 자동차나 휴대전화를 생각하면 된다. 면직물을 생산하기 전까지 영국은 양털로 만든 모직물을 수출해왔다. 그것도 주로 양털을 이탈리아 도시국가에 수출했다. 고무나 커피 등 원재료를 수출하는 요즘의 아시아나 아프리카의 저개발 국가와 비슷한 처지였다.

원료 수출국이었던 영국이 이처럼 면직물로 세계경제의 주류가 되기 시작한 것은 1588년 스페인과의 전쟁에서 승리한 뒤 대서양 패권을 차지하면서부터다. 그런데 중세 유럽에 대서양은 그렇게 중요한 곳이 아니었다. 중세 때 거친 대서양에 관심을 가진 사람은 대구를 좋아하던 북유럽 바이킹과 이베리아의 바스크·포르투갈 사람 정도였다. 대다수 유럽인은 지중해와 북해에 관심 있었다. 고대 그리스 이후 중세까지 지중해의 패권을 장악한 자가 유럽을 장악했다. 지중해의 패자는 고대에는 그리스와 로마였고 중세에는 동로마제국과 이슬람의 아바스Abbās왕조였다.

지중해 패권이 중요했던 것은 후추를 포함한 향신료 때문이었다. 지금도 세계 향신료 시장의 25퍼센트가량을 점유하고 있는 후추는 가난한 유럽인을 험한 바다로 내몰았다. 목축에 의존한 유럽의 식생활에 후추는 절대적이었다. 냉장고가 없던 시절 유럽인들은 소금에 절인 냄새나는 고기를 먹어야 했다. 열대의 태양 덕분에 풍부하고 독특한 산미가 나는 후추는 서양인의 식탁에 절대적으로 필요한 향신료였다.

당연히 고대 로마 시대부터 유럽에서 후춧값은 같은 무게의 금에 맞먹었다. 후추 가격은 원산지인 인도에서 하역되어 이슬람 제국을 거쳐 유럽 상인의 손을 거치는 동안 수십 배가 뛰었다. 높은 후추 가격은 위험한 투자를 불러왔다. 이탈리아는 지리적 이점 탓에 후추 무역의 절대 강자가 되었다. 이탈리아 도시국가는 십자군 전쟁으로 중동 지역에 세워진 라틴 국가와 독점적인 교역권을 갖고 있었다. 이를 위해 이탈리아 도시들은 십자군 전쟁 때 독자적인 해군을 파견하기도 했다. 베네치아의 라이벌인 제노바는 동로마제국의 수도인 콘스탄티노폴리스에서 독점적인 지위를 누리고 있었다.

이탈리아의 번영은 정경 유착과 극단적인 보호무역으로 이루어졌다. 동양이나 이슬람 국가처럼 왕이나 권력을 중심에 세운 것이 아니라 도시의 벌이를 최우선했다. 이탈리아 도시들은 상인 가문의 활동을 보장하려고 사회제도는 물론이고 정치권력까지 바꾸었다. 상인들은 귀족을 감시하는 것은 물론이고 국가의 빚을 탕감해주는 대가로 조세 징수권을 챙기기도 했다.

물론 이탈리아 도시국가의 역사가 순탄했던 것만은 아니다. 상인 가문이 왕이 되어 독재자가 된 피렌체 같은 곳이 있는가 하면 상인 가문끼리 반목과 분쟁을 지속하던 제노바 같은 곳도 있었다. 별 내부 반목 없이 정치와 경제가 상업적 이익을 위해 일사불란하게 움직였던 베네치아는 지중해 해상무역의 절대 강자였다. 이 때문에 베네치아가 현대 국가독점자본주의 체제의 원형이라는 주장도 나온다. 프랑스 역사학자 페르낭 브로델 Fernand Braudel은 "베네치아는 국가가 전부였다면 제노바는 자본이 전부였다"며 두 도시의 특징을 설명했다. 그래서 이탈리아 도시국가와 북유럽의 한자동맹 등 자유도시를 자본주의 출발점으로 보는 역사학자들도 있다.

그러나 반코(혹은 반카)로 불리는 금융 네트워크가 생기고 상인을 비롯한 일부 시민의 정치 결사에 의해 정치 시스템이 변하는 모습을 보였다고 해서, 이탈리아 도시를 자본주의의 시작점으로 보기는 다소 어렵다. 고대 그리스 폴리스를 자본주의의 시작으로 보지 않는 이유와 비슷하다. 아테네를 비롯한 그리스의 폴리스도 민주주의와 상업적 성장을 최우선했다.

중세 도시의 성장은 이탈리아와 북유럽 등 일부 지역에서만 일어났다. 또 이들 도시의 성장이 유럽 전체의 정치·경제·사회를 광범위하게 바꿀 정도로 영향력이 컸다고 보기는 어렵다. 이탈리아와 북유럽 상인들이 왕·영주와 재산 보호·항행의 자유에 대한 계약을 맺을 때 동유럽 국가들은 사전적인 의미의 봉건제를 유지하고 있었다. 러시아를 비롯한 몇몇 국가는 20세기까지 봉건적 전통을 유지했다. 이 시기 세계경제는커녕 유럽경제도 본격적인 네트워킹이 되지 않았던 것이다.

이탈리아 도시국가가
자본주의의 출발점이 아닌 까닭

북부 이탈리아와 북유럽의 몇몇 도시가 특별하다고 하지만 이들 도시의 농업 시스템은 여전히 장원제였다. 토지의 사유화와 노동인구의 대규모 이동 같은 중세의 붕괴가 본격적으로 나타난 것은 15세기 이후부터였으며, 그 시작은 대항해시대로 보아야 한다는 주장이 설득력을 얻고 있다.

하지만 중세 이탈리아 상인의 혁신이 자본주의의 발전에 깊은 영향을 주었다는 것은 주지의 사실이다. 이탈리아의 번영은 다른 유럽 지역에는 선망의 대상이었다. 중세 말 국가라는 개념이 생기면서 유럽의 모든 왕은 이탈리아 방식을 모방하기 시작했다. 특히 상인의 이익을 위해 전쟁을 불사했던 베네치아의 모습을 앞다투어 차용했다. 가장 열심히 이탈리아를 모방한 나라는 이탈리아 상인에게 양털을 팔던 영국이었다.

영국은 자국 상품을 보호하려고 높은 관세를 부과하는 보호무역 성향을 보였다. 이를 거부할 경우에는 전쟁을 불사했는데, 이는 이탈리아 도시국가의 전매특허였다. 그러나 영국은 값싼 원재료와 시장을 확보하려고 광범위한 식민지를 개척했다. 이탈리아 도시들은 상품 판매에 관심이 있었지 식민지 개척에는 관심이 없었다.

지금은 자유무역의 수호자를 자처하는 유럽과 미국도 근대 국가를 세울 때는 국가 주도의 산업 정책과 보호무역 정책으로 경제를 키웠다. 애덤 스미스가 1776년 『국부론』을 쓴 것도 영국 정부의 지나친 보호무역 정책을 비판하기 위해서였다. 스미스는 식민지 미국의 높은 관세정책은 부당하다고 지적하기도 했다. 하지만 그의 우려대로 독립한 미국의 관세정책 역시 한때 본국이었던 영국만큼 보수적이었다.

도시국가에 머물러 있던 자본주의의 맹아를 국가적 의제로 확대시킨 일등 공신은 포르투갈이었다. 대항해시대를 연 신생 국가 포르투갈은 8세기부터 이슬람의 식민지였다가 1249년 이슬람을 몰아냈다. 포르투갈의 주앙 1세João I는 형님 나라처럼 구는 카스티야의 침공을 막아 포르투갈의 독립을 지키는가 하면 1414년 지브롤터해협 건너편의 북아프리카 세우타를 점령하기도 했다.

그 당시 포르투갈은 인구가 100만 명에 불과했던 것으로 추정된다. 비슷한 시기 오스만제국의 수도 바그다드는 인구가 100만 명을 넘었다. '작은 나라' 포르투갈은 세우타에서 사하라 사막을 건너가 아프리카인에게 향신료와 소금 등을 팔고 금과 은을 받아오는 이슬람 상인에게 영감을 얻었다. 1453년 동로마제국이 오스만제국에 멸망하면서 지중해 무역에 포르투갈이 참여할 가능성은 더 낮아졌기 때문이다.

포르투갈은 우회 상장을 계획했다. 그들은 낙타 대신 배를 타고 사하라 사막 건너편의 아프리카인과 무역에 나선다는 계획을 세웠다. 요즘으로 말하면 제3세계 국가가 소프트웨어 강국이 되겠다는 것과 비슷한 국가 주도의 벤처 사업이었던 셈이다. 그때까지 북위 23.27도인 북회귀선을 넘는 것은 유럽인에게 금기시되어 있었다. 유럽인들은 북회귀선 너머 바다가 끓고 있다고 믿었다.

포르투갈인이 끓고 있는 바다로 떠나겠다고 결심할 수 있었던 것은 그들을 식민 지배했던 이슬람의 항해술 탓이었다. 역풍을 이용해서 전진할 수 있는 이슬람의 삼각돛과 해상에서도 별을 관측해 방향을 찾을 수 있는 아스트롤라베astrolabe 등이 신생국 포르투갈의 국가적 도박을 가능하게 했다. 포르투갈은 독자적으로 50톤짜리 캐러벨caravel을 제작했다. 마스트 2개에 삼각돛을 단 길이 20미터에 너비 7~8미터의 작은 배였다. 이 배는 홀수가 얕아 해안가를 따라 육지를 탐험하면서 항해하기에 알맞았고, 삼각돛 덕분에 맞바람에서도 전진할 수 있었다.

포르투갈과 스페인의 원동력

캐러벨은 이슬람에서 사용하던 어업선 다우dhow에서 파생되었는데, 어선을 모델로 만들었기 때문에 견고함은 물론 적재 용량도 크게 떨어져 마스트가 3개인 캐럭carrack이 개발되자 밀려났다. 뒷날 콜럼버스도 캐러벨 2척과 캐럭 1척으로 아메리카를 발견했다. 우리가 영화에서 보는 대부분의 범선 또는 해적선이 캐럭이다.

　포르투갈은 결국 아프리카를 우회해 인도로 가는 항로를 찾아냈다. 이로써 포르투갈은 이탈리아 상인 없는 '청정한' 블루오션을 개척해 후추 무역에 참여하게 되었다(물론 인도양에는 아

215

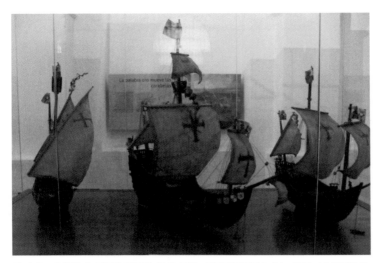

콜럼버스의 항해에 사용된 배들의 복원 모형. 산타마리아(가운데)는 캐럭, 니냐(왼쪽)와 핀타(오른쪽)은 캐러벨이다.

랍 상인들이 있었지만 포르투갈은 이들의 견제를 무력으로 해결했다).
흙먼지 날리던 개발도상국에서 단기간에 과학기술을 향상시켜 자동차도 만들고 휴대전화도 만들게 된 것과 비슷한 상황이 연출된 것이다(하지만 포르투갈은 왕위 계승에 실패하면서 1580년 스페인에 강제로 병합되었다).

후진국 포르투갈이 세계 향신료 시장에서 두각을 나타내게 된 비결은 후추에 있다. 후추 원가에 가장 결정적인 영향을 미치는 요소는 중간상인의 마진과 관세였다. 국경을 넘을수록 후춧값은 뛰게 마련이었다. 포르투갈은 새로 발견한 항로로 인도와 직거래를 시작해서 관세와 중간 마진을 줄일 수 있었다. 그러나 중간 마진을 줄이는 수준으로는 유럽 경제에 큰 변화를 줄 수 없었다. 포르투갈의 역할은 대항해시대를 열었다는 것으로 끝났다.

중세에서 자본주의로 가는 변곡점은 스페인의 1492년 아메리카의 발견이었다(인류사 혹은 인권의 관점에서 본다면 '스페인의 침략'이 더 맞는 표현일 것이다. 여기서는 경제사의 관점에서 발견이라고 쓰겠다). 이 사건을 계기로 유럽은 아시아와 아프리카의 상품 시장이라는 종속적인 지위에서 벗어나는 것은 물론, 전 지구적인 경제 시스템에 변화를 가져왔다. 유럽인은 본의 아니게 몇몇 권역별로 운영되던 세계경제를 하나로 묶기 시작했고, 유럽에서 발생한 상공업 혁명을 전 세계에 퍼뜨렸다.

그 계기는 우연처럼 보인다. 포르투갈의 형님 격인 스페인 역시 새로운 무역로를 찾고자 했다. 그런데 그들에게 사기꾼처럼 보이는 벤처 사업가 한 명이 찾아왔다. 콜럼버스는 인도에 가는 길을 알고 있으니 스페인 왕실에서 투자를 해달라고 했다. 그는 영국 왕 헨리8세Henry Ⅷ에게도 투자 설명회를 열었는데 거절당했다. 그래서 스페인에 온 것이다.

콜럼버스는 후추 무역에 가장 열심이던 이탈리아 제노바 사람이다. 1453년 동로마제국이 붕괴되기 전까지 제노바는 동로마 무역을 거의 독점해왔다. 동로마제국이 멸망할 때 가장 많이 죽은 상인이 제노바 상인이었다. 제노바 상인은 콘스탄티노

폴리스를 차지한 오스만제국의 바다를 거치지 않는 제3의 길을 찾고 싶어 했다. 콜럼버스는 그런 제노바 상인 중 한 명이었다. 스페인의 행운은 그들이 말하던 신의 은총이 아니라 제노바 상인의 끈질긴 경제활동에서 비롯된 결과였다.

1492년 이베리아반도에서 이슬람을 몰아낸 스페인 왕실은 창조경제나 제4차 산업혁명 같은 정치적 구호가 필요했다. 그래서 콜럼버스를 후원했다. 콜럼버스는 지구가 둥그렇기 때문에 서쪽으로 계속 가면 인도에 도착할 수 있을 것이라고 생각했다. 하지만 그가 도착한 곳은 중남미 카리브해의 섬이었다. 콜럼버스는 후추 대신 열대작물과 원주민 몇 명을 노예로 데리고 스페인으로 돌아왔다. 콜럼버스는 그곳을 인도라고 믿었다. 카리브해의 섬들이 서인도 제도로 불리는 이유다.

유럽인의 아메리카 발견은 인류의 역사를 바꾸는 결과를 몰고 왔다. 후추 때문이 아니라 남아메리카에서 대량으로 발견된 금·은 등의 귀금속 탓이다. 스페인은 무역업에서 광산업으로 업종을 전환했다. 금은 중남미 사람에게는 신성한 빛깔의 금속에 불과했지만 유럽인에게는 고대부터 재화와 용역을 구매하고 가치를 저장하는 본원적인 화폐였다. 이런 인식 차이는, 유럽은 철기 문명에 기초한 상업 사회였고 중남미는 청동기 문명에 기초한 신정 일치 사회였다는 데서 왔다.

이런 문명의 격차 때문에 스페인 군인과 무장 세력은 중남미의 아즈텍과 잉카를 어린아이 팔목 비틀 듯이 손쉽게 멸망시켰다. 그리고 그들은 인디오를 동원해 볼리비아 등에서 막대한 은광을 개발하기 시작했다.

그러나 스페인의 역할을 거기까지였다. 농업 국가였던 스페인은 찾아온 행운을 지속시킬 능력이 없었다. 심지어 금은보화를 퍼 나를수록 왜 더 가난해지는지 분석할 능력조차 없었다. 그들은 종교라는 안경을 쓰고 세상을 보면서 자기중심으로 해석했다. 모든 것은 신의 뜻이었다. 그런 편협한 시각은 그들이 이슬람에서 해방된 지 얼마 지나지 않은 탓도 있을 것이다.

신대륙의 귀금속 덕분에 스페인 왕은 기축통화를 공급할 수 있게 되었다. 그들은 신성로마제국 황제를 꿈꾸었다. 그래서 스페인은 유럽의 거의 모든 종교 전쟁에 가톨릭 수호자의 이름으로 개입했다. 중세 말 왕권의 강화로 영향력을 잃고 마녀사냥 따위에 몰두했던 교황청은 기회를 놓치지 않고 스페인의 카를로스 1세를 신성로마제국 황제(카를 5세)로 옹립했다.

물론 카를 5세가 신성로마황제가 될 수 있던 것은 돈 때문만은 아니었다. 당시 스페인은 육군이나 해군이나 세계 최강이었다. 스페인 해군은 무적함대Armada로 불릴 정도였다. 스페인 육군 역시 세계 최초로 이슬람군이 사용하던 총을 전진 배치한 보병 전술을 도입했다. 1503년 스페인이 최초 도입한 이 전술은 유럽 여러 곳의 전투에서 검증을 받았다. 그전까지 지상전은 기병에 이어 창으로 무장한 보병이 대결해 결판났다. 하지만 스페인 덕분에 유럽 국가들은 기병을 대신해 총을 우선하기 시작했다. 총의 전진 배치는 중세 기사제도의 몰락을 의미했다. 전쟁사의 관점에서 본다면 중세를 끝낸 것은 스페인이었다.

이슬람은 왜 아리스토텔레스를 사랑했을까

그러나 다 빛 좋은 개살구였다. 스페인의 영광은 1588년 네덜란드 독립을 지원하던 영국과의 전쟁에서 패하면서 빛을 잃기 시작했다. 스페인을 유럽의 정치 무대에서 퇴장시킨 직접적인 이유는 전쟁이었지만 이면은 경제였다. 경제적으로 스페인의 패망은 이미 예고되어 있었다. 단지 시간문제였던 셈이다.

스페인은 종교 정치와 같은 구호에만 관심이 있었을 뿐 먹고사는 문제에는 별 관심이 없었다. 잉카 왕들이 반짝이는 금으로 왕궁을 장식했듯이 스페인은 그들이 약탈해온 금으로 전쟁을 일삼았다. 그들은 종교의 수호자임을 자처할수록 가난해졌다. 재정이 악화되면서 스페인의 가장 큰 경쟁력인 군인에게 급여를 주지 못했고 스페인 군인은 노략질을 일삼았다. 심지어 교황청이 있는 로마를 약탈하기도 했다. "바보야 문제는 경제야"라는 1992년 미국 대통령 선거 구호는 400년 전 스페인에도 꼭 맞는 말이었다.

스페인의 실패에는 여러 이유가 있지만 가장 큰 이유는 유대인의 디아스포라다. 스페인은 1492년 알람브라 칙령을 내려 아랍인과 함께 유대인을 축출했다. 아랍인과 유대인은 스페인의 핵심 인재였다.

아랍인은 스페인뿐 아니라 전 유럽에 그리스·로마 고전을 전해주었다. 서로마제국이 불탄 뒤 유럽에서는 그리스·로마 학문이 거의 자취를 감추었다. 로마 시대에 유행했던 물레방아가 사라질 정도로 사회 기반이 무너졌다. 반면 이슬람 아바스 왕조는 국가 주도로 번역 기관을 만들어 그리스 고전을 아랍어로 번역했다.

이런 학문의 융성은 이슬람이 서로마제국이 망한 뒤 지중해 세계를 지배한 이유이기도 하다. 그래서 이슬람 점령지였던 스페인 안달루시아 지방에는 유럽 학자들이 끊임없이 몰려들었다. 스페인 남부 지방인 안달루시아는 711년 이슬람에 정복된 뒤 1492년까지 800년가량 이슬람의 지배를 받았다. 이곳은 중세에 이슬람과 그리스도교 문명이 만나는 유일한 지역이었다.

유럽 학자들이 읽고 싶었던 것은 이데아와 국가를 강조한 플라톤이 아니었다. 플라톤은 이미 중세 교부철학의 요체를 만드는 데 쓰인 터라 별 관심이 없었다. 그보다 개체와 현실을 강조한 플라톤의 제자 아리스토텔레스의 책에 관심이 있었다. 의사

가문에서 태어난 아리스토텔레스는 플라톤이 말한 이데아에는 관심이 없었고 인간의 이성과 과학적 관찰, 실험에 관심이 많았다.

이슬람은 이미 아리스토텔레스를 적극적으로 받아들였다. 아바스왕조는 종교를 철학과 분리해 독자적인 영역으로 인정하고 있었다. 덕분에 이슬람은 다른 종교를 관용적으로 받아들일 수 있었다. 이는 이슬람이 20세기 초까지 대제국을 이룩할 수 있었던 원동력이기도 했다. 이는 "불합리하기 때문에 믿는다"던 비슷한 시기의 유럽의 교부철학과는 큰 차이였다.

아리스토텔레스에 대한 아랍인의 주해는 유럽 지성 사회에 엄청난 반향을 일으켰다. 아리스토텔레스의 책을 읽던 중세 수사의 연쇄적인 죽음을 다룬 움베르토 에코Umberto Eco의 소설 『장미의 이름』은 이런 역사적 사실에서 영감을 얻은 것이다. 토마스 아퀴나스 등 중세 후기의 종교 철학자들은 아리스토텔레스의 철학을 이용해 신을 중심에 세우면서도 이성에 의미를 부여하기 시작했다. 이는 인간의 생각과 행동에 종교적 판단을 배제하는 인간 중심적인 사상의 출발점이 되었다.

유대인은 아랍인만큼이나 스페인 발전에 큰 기여를 해왔다. 유대인은 언젠가 고향으로 돌아갈 것을 믿으면서 뱃길로 고향에 돌아갈 수 있는 지중해 연안에 많이 살고 있었다. 스페인도 그중 하나였다. 아랍인은 유대인을 같은 경전을 읽는 '계시 받은 민족'으로 생각했고 종교적 자유를 인정했다. 유대인은 『성경』에서 허락한 대로 이민족에게 돈을 빌려주는 대금업을 했고 재력을 바탕으로 다양한 요직에서 활동했다. 하지만 11세기부터 13세기까지 이슬람 원리주의 정권이 들어서면서 유대인은 박해를 피해 그리스도교 지역으로 이주했다. 유대인은 스페인으로 이주한 뒤에도 이슬람 지역에서와 마찬가지로 무역·금융을 도맡았고 중앙 관료로까지 진출했다.

그러나 1492년 스페인은 아랍인과 유대인의 재산을 몰수하고 이들을 추방했다. 추방 전에도 핍박은 빈번했다. 스페인 정부는 개종을 권하기도 했지만, 개종한 유대인을 감시하고 꼬투리를 잡아 빈번하게 학살했다. 여성과 아이도 예외가 아니었다. 유대교 교회인 시나고그synagogue를 불태우거나 철거하기도 했다. 그 자리에는 성당을 세웠다. 스페인이 아메리카에서 원주민을 개미처럼 죽이고 사원을 부수고 성당을 지은 종교적 만행은, 이교도를 대하던 오랜 전통이었던 것이다.

스페인 vs. 네덜란드

스페인은 종교적 편견에 사로잡혀 파국적인 두뇌 유출을 초래했다. 그래서 목숨을 걸고 남아메리카에서 은화를 퍼 나르는데 물가는 뛰고 경기는 나빠지는 이유를 설명하지 못했다. 또 어떻게 해야 돈이 이탈리아·프랑스·영국으로 유출되지 못하게 하는지도 생각하지 못했다. 그들은 금과 은이 손안의 모래처럼 빠져나가는 것을 지켜보아야 했다. 그나마 카를 5세 때까지는 상황이 나쁘지 않았다. 신대륙에서 쏟아지는 은과 청어 무역으로 떼돈을 버는 식민지 네덜란드에서 거두어들인 조세 수입이 있었기 때문이다.

벌면 벌수록 가난해지는 굴레에서 벗어나기 위해 스페인은 유럽에서 인기가 높은 설탕을 중남미 식민지에서 재배했다. 후추의 대체제로 설탕을 선택한 것이다. 설탕은 사탕수수의 즙을 짠 뒤 가열해 증발시켜 결정을 얻는다. 열대의 폭염을 이겨내야 하는 고된 노동이 필수다. 하지만 이미 중남미 원주민의 95퍼센트가 목숨을 잃은 상황이었다. 스페인 상인은 설탕 생산을 위해 아프리카에서 노예를 끌고 오기 시작했다.

아프리카 노예는 캐러벨로 아프리카 서부 해안 항로를 발견한 포르투갈이 먼저 선보였다. 그러나 아프리카 노예의 노동력을 바탕으로 식민지 플랜테이션 농업을 기획한 것은 스페인 사람들이었다. 이처럼 자본주의의 첫 단추는 스페인 사람들의 피 묻은 손으로 끼워졌다.

스페인 상인은 아프리카 노예를 짐승처럼 부리면서 설탕을 생산했다. 대항해시대 초기에는 설탕 역시 후추만큼이나 고가였기 때문에 한 줌이라도 더 많은 설탕을 생산하려고 했다. 노예를 구타하는 것은 일상이었고 잠도 재우지 않았고 말을 듣지 않으면 신체를 훼손하고 본보기 삼아 끔찍한 방식으로 살해했다.

틈만 나면 '신의 이름'을 들먹이던 스페인이 선보인 노예무역은 영국은 물론 유럽 모든 제국주의 국가에 의해 반복되었다. 최초로 헌법에 인간의 존엄을 명시하고 독립한 미국도 예외는 아니었다. 제국주의 국가들은 아프리카·아시아·중남미 식민지에서 인간이 상상할 수 없는 방식으로 피지배자를 고문하고 학살했다. 제국주의의 막차를 탔던 일본도 마찬가지였다.

잘못된 종교관에서 비롯된 스페인의 폭력은 유럽에서도 행해졌다. 스페인은 저지대low land(네덜란드의 영어식 이름) 식민지 주민이 개신교를 믿지 못하게 했고 통상의 자유까지 핍박했다. 이런 핍박은 재임 시절 수차례 국가 부도를 낸 펠리페 2세Felipe Ⅱ의 통치 때 극심해졌다. 1567년 네덜란드 총독으로 부임한 페르난도 알바레스 데 톨레도Fernando Álvarez de Toledo(일명 알바 공)는 '피의 평의회'라는 종교재판소를 열고 1만 8,000명 이상을 처형했다. 스페인은 심지어 귀족과 부유한 시민계급의 재산을 몰수했으며 중과세를 부과해 상업 활동을 마비시키기도 했다. 이에 네덜란드는 칼뱅파 신교도를 중심으로 독립 전쟁을 벌였다. 결국 스페인은 영국과의 전쟁에서 패망하면서 네덜란드의 독립을 인정할 수밖에 없었다. 그 결과 스페인은 펠리페 2세 시대에만 국가 부도를 4번이나 선언할 정도로 경제가 피폐해 졌으며, 이후 유럽의 '3류 국가'로 곤두박지했다.

네덜란드와 영국이 스페인을 격퇴할 수 있었던 것은 단순히 해군의 전투력 때문만은 아니었다. 스페인은 로마제국 말기나 몽골제국 말기처럼 스스로 멸망을 찾아가는 정치·경제·사회 체제를 갖추고 있었다. 몰락하는 스페인의 대척점에 식민지 네 덜란드가 있었다. 네덜란드는 각 분야에 상공업 조합을 설립하 고 조합 주도로 작업과 상품 표준화를 실시했다. 서로의 지혜 를 모으며 상부상조하면서 산업이 크게 발전하기 시작했다. 청 어 산업 역시 우리나라의 수협과 같은 어업 위원회를 설립하면 서 본격적으로 성장했다. 그리고 중무장한 함선을 경무장한 상 선으로 바꾸는 실험을 거듭해 세계에서 가장 빠른 상선인 플류 트fluyt를 개발했다. 모든 것이 유기적이었고 실험적이었다. 그 러나 스페인은 확보한 유동성을 이용해 어떤 사회·경제적 실 험도 하지 않았다. 오로지 '신의 이름'이라는 구호만 난무할 뿐 이었다.

거기다 네덜란드에는 금융이라는 새로운 성장 엔진이 있었 다. 지금은 은행이 경제의 혈관에 비유되지만, 봉건제 시대에 는 고리대금업자만 있을 뿐이었다. 네덜란드는 신의 섭리에 어 긋나 지옥 불에 떨어진다는 대금업자가 금융업이라는 새로운 플랫폼으로 옮겨올 수 있게 한 최초의 근대국가였다.

1609년 이탈리아의 은행을 좀더 발전시킨 암스테르담은행이 문을 열었다. 네덜란드는 주주의 자금으로 설립된 주식회사를 1602년 세계 최초로 선보였고, 1611년에는 최초로 증권시장도 열었다. 이런 선진적인 상업 발명에는 스페인의 탄압을 피해 네덜란드로 온 유대인들의 활약이 컸던 것으로 전해진다. 네덜란드는 유럽에서 종교의 자유가 인정되는 몇 안 되는 나라였다. 덕분에 이탈리아 도시국가에서조차 사업 자금 대출 이율은 최고 40퍼센트대에 이르렀지만 네덜란드에서는 현대 금리 수준인 3퍼센트대로 조달이 가능했다. 여기에 열심히 일해서 수익을 창출하는 것이 신의 섭리라며 자본가의 이윤을 하느님의 섭리로 승격시킨 장 칼뱅Jean Calvin의 교리까지 결합하면서 네덜란드는 번영을 일구었다.

네덜란드의 혁신은 도버해협 너머 영국으로 전달되었다. 영국은 네덜란드와 똑같이 동인도회사 같은 주식회사와 증권시장을 선보였고 해운업과 보험업을 더 큰 규모로 번성시켰다. 영국은 13세기부터 정치·경제 분야에서 새로운 실험을 거듭해온 실용적인 나라였다.

영국은 스페인을 대서양에서 밀어내고 네덜란드와 함께 노예무역을 중심으로 한 삼각무역으로 엄청난 수익을 창출했다. 주로 영국에서 총과 화약을 실고 아프리카로 가서 팔았다. 그

수익으로 노예를 사서 아메리카 대륙에 팔고, 그 돈으로 목화나 설탕을 구입해 유럽으로 돌아오는 것이다. 영국은 삼각무역의 아이디어를 네덜란드에서 얻었다.

네덜란드는 청어를 잡아 북유럽에서는 목재·광물, 지중해에서는 향신료·도자기·후추 등을 삼각무역으로 유통하며 막대한 부를 축적했다. 네덜란드는 서인도회사를 만들어 신대륙에서 노예무역에 참여했고, 프랑스 역시 노예무역에 후발 주자로 참여했다. 노예무역은 당시에 가장 많은 이익을 남기는 사업이었다. 영국과 네덜란드는 삼각무역의 이권을 놓고 여러 차례 전쟁을 벌이다 적당한 선에서 타협했다. 영국이 말레이시아를 차지하면 네덜란드는 인도네시아를 식민 지배하는 식이었다. 유럽 국가들은 식민지를 둘러싼 전쟁을 제2차 세계대전까지 반복했다.

지대 추구에 몰두한 영국, 미국에 밀리다

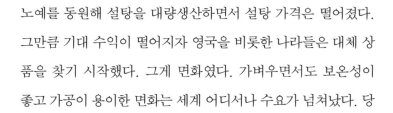

노예를 동원해 설탕을 대량생산하면서 설탕 가격은 떨어졌다. 그만큼 기대 수익이 떨어지자 영국을 비롯한 나라들은 대체 상품을 찾기 시작했다. 그게 면화였다. 가벼우면서도 보온성이 좋고 가공이 용이한 면화는 세계 어디서나 수요가 넘쳐났다. 당시 면화는 요즘으로 치면 휴대전화나 자동차 같은 상품이었다.

영국은 이 세계 상품의 경쟁력을 높이기 위해 고민을 거듭했다. 결국 18세기 중엽 수력 방적기와 방직기를 개발해 면직물의 단가를 획기적으로 낮추는 데 성공했다. 그리고 값싼 면직물을 세계에 수출하기 시작했다. 이런 영국의 공격적인 무역 정책은 증기기관의 상용화로 이어졌다. 수력 대신 증기기관을 이용한 기계들이 등장하면서 면직물의 가격은 더 떨어졌다. 증기기관의 상용화는 증기기관차와 증기선 등의 교통 혁명으로 이어졌다. 특히 철도는 도시와 국가 간의 물류와 노동의 이동을 더욱 촉발시켰다. 미국은 철도로 아메리카대륙의 동과 서를 연결해 동부의 자금과 인력을 서부로 이동시켰다. 그렇게 해서 비약적인 성장을 이루었다(233쪽, 「소고기의 붉은 살에서 튀어나온 현대자본주의」 참조).

그러나 영국도 자국의 발전의 원인을 정확하게 이해하지 못했다. 영국은 세계 최초로 자본주의경제를 선보이고 19세기에는 '세계의 공장'이라고 불릴 정도로 산업이 발달했지만 경제 구조는 스페인의 노예무역에서 벗어나지 못했다. 영국은 1807년 인권을 이유로 세계 최초로 노예무역을 철폐했다. 흑인 인권을 생각해야 한다는 인식도 있었지만, 서구 열강이 너도나도 플랜테이션 농업에 나서면서 설탕 가격이 떨어진 것도 주요한 이유였다. 영국은 광대한 식민지에서 나오는 설탕·향신료·차·고무·면화를 독점으로 싼값에 확보해 증기기관으로 작동하는 기계로 가공해 공급하는 식민지 의존 경제 시스템이었다. 말이 공업 국가였지 영국 경제의 기초는 식민지형 플랜테이션 농업 생산물이었다. 바다를 지배한다는 자만감은 16세기 스페인이 그랬던 것처럼 그들의 눈을 가렸고 영국의 자본가들은 혁신을 등한시하는 부자의 저주에 빠졌다.

반면 미국과 독일 같은 후발 국가들은 식민지가 거의 없었다. 그들은 영국처럼 식민지 플랜테이션에 의존한 경공업 대신 중화학 공업을 발전시켰다. 결국 이 두 나라는 석유 기반 내연기관을 만들기 시작했다. 특히 미국은 아메리카 원주민을 쫓아낸 넓은 국토에 미친 듯이 철도를 깔았다. 영국은 폭발적으로 성장하는 미국 철도에 투자했고 미국은 철강과 기계 산업을 발전시켰다. 중공업 중심으로 발전한 미국의 공업 생산량은 19세기 말 이미 영국을 초월했다.

미국과 독일이 유럽 귀족들이 장난감 취급했던 내연기관 자동차를 만들려고 고민하고 있을 때, 영국은 자동차는 마차보다 빨라서는 안 된다는 '붉은 깃발법Locomotive Act'을 통과시켰다. 이 말도 안 되는 법은 무려 30년간 지속되었다. 이 법안은 내연기관 분야에서 영국이 미국이나 독일에 비해 뒤처지게 했다.

후추와 설탕 같은 아열대 식민지 농업에 의존한 초기 자본주의경제는 대량생산·대량 소비를 특징으로 하는 현대자본주의에 적합하지 않다는 것을 유럽 국가들이 깨달은 것은 두 차례의 세계대전 때문이었다. 영국·프랑스·스페인·네덜란드 등의 지배에 신음하던 제3세계 식민지 국가들은 제2차 세계대전 뒤 대부분 해방되었다. 그러나 식민지를 경험한 많은 국가가 폭력으로 이식된 자본주의의 상처를 극복하지 못한 채 저개발 국가로 남아 있다. 후추와 설탕이 밀고 끈 자본주의가 마냥 달콤하지 않은 이유다.

10

소고기의 붉은 살에서
튀어나온 현대자본주의

"신은 바보들과 주정뱅이들, 그리고 미국에 특별한
섭리를 베푸신다."

• 오토 폰 비스마르크Otto von Bismarck

소는 언제나 옳다!

'흰쌀밥(이밥)에 소고기 국.' 성인 3명 가운데 1명이 당뇨병에 걸리는 요즘 현실에는 환영받지 못할 듯한 두 음식의 조합은 불과 얼마 전까지만 해도 한국인들이 입버릇처럼 말하던 평생소원이었다. 서양에도 비슷한 말이 있다. '흰 빵에 버터'다. 존재 자체가 유복했을 것 같아 보이는 서양인들 역시 궁핍의 그늘이 있었다. 서양 사람들이 배부르게 먹기 시작한 것은 산업혁명이 일어나고 한참 뒤였다. 산업혁명 전까지 서양은 동양보다 가난했다. 그때까지 유럽인의 소원 역시 한국인처럼 소박했다.

춥고 가난했던 동서양 민중의 바람에는 쌀·밀로 만든 밥·빵과 함께 소와 관련된 음식이 들어간다는 공통점이 있다. 소고기 국은 소의 뱃살인 양지나 다리 살인 사태를 푹 끓여서 만

붉은 소고기는 동서양을 막론하고 모두가 선망하는 것이었다. 소고기에 대한 갈구는 자본주의를 낳았다.

든 것이다. 버터는 소젖인 우유를 굳혀 만든 것이다. 붉은 살코기가 아닌 버터나 치즈는 가난한 사람이 먹는 '백색 고기'로 불렸다. 21세기 풍요의 시대를 살아가는 우리는 국이나 버터보다 육즙이 뚝뚝 떨어지는 구운 갈비나 등심이 훨씬 맛있다는 것을 잘 안다. 특히 붉은 소고기를 흰 버터로 구우면 맛이 더 각별하다.

그러나 불과 얼마 전까지 풀뿌리에 나무껍질을 먹던 가난한 민중에게 부위별 소고기는 상상 저편의 음식이었다. 구운 고기는 18세기까지만 해도 귀족이나 부자 등 1퍼센트 상류층만 먹을 수 있었다. 가난한 민중에게는 소기름도 과분한 음식이었다.

그런데 왜 동·서양인의 공통 버킷 리스트 음식은 소일까?

소의 고기와 뼈에는 감칠맛을 내는 아미노산이 풍부해 굽거나 끓여도 맛있다. 머리에서 꼬리까지 버릴 게 없다. 소스로 시작해 소스로 끝난다는 프랑스 요리의 소스는 상당 부분 소고기와 우유로 만든 버터에서 나온다. 우리나라에서 소 한 마리를 다 넣고 설렁탕을 끓이고 심지어 고기 육수를 차갑게 식혀 국수까지 말아 먹는 것도 비슷한 맥락이다.

이런 감칠맛은 소고기의 전유물일까? 화학식만 놓고 보면 다시마·멸치·표고버섯과 소고기는 비슷한 종류의 아미노산을 함유하고 있다. 다시마와 표고버섯으로 끓인 절의 떡국에서 소고기 떡국과 같은 맛을 느낄 수 있는 이유다. 이런 음식은 건강에 좋을 뿐 아니라 소를 죽일 때 느끼는 부담감에서도 자유롭다. 종교의 나라 인도에서 소를 천민이 먹는 음식으로 분류하는 까닭도 이 때문이다.

우리는 지금도 소를 숭배한다

많은 사람이 특별한 날에 붉은 피가 뚝뚝 떨어지는 소고기 스테이크를 먹는다. 우리가 꿈에도 소원인 음식으로 소를 꼽는 것은 맛이 아니라 세계관이나 상징 때문이다. 프랑스 철학자 롤랑 바르트Roland Barthes는 "문화가 생물을 수용하는 방식은 고

고대 이집트 멤피스에서는 신성한 황소 아피스를 숭배했다. 제사장들은 완벽한 황소를 찾아 아피스로 삼고, 소의 행동을 보고 징조를 유추해냈다.

도로 조직화된 의사소통의 형태며 문화 전반에 깔린 가치·민음·행동 규칙을 전달하는 수단"이라고 분석했다.

나는 앞서서 옥수수가 '현대인의 피'라고 지적했다(81쪽 「슬픈 옥수수, 자본주의의 검은 피가 되다」 참조). 우리가 섭취하는 음식은 상당 부분 옥수수에 의존한다. 전 세계에서 생산하는 곡식의 절반은 옥수수며 생산량도 해마다 늘고 있다. 유엔 식량농업기구가 발표한 「2013 세계 식량 불안 상황」을 보면, 전 세계 기아 인구는 8억 4,200만 명으로 세계의 12퍼센트에 이른다. 8명 가운데 1명꼴이다. 이런 상황에도 옥수수 등 곡식은 인간이 아니라 소에게 돌아가고 있다. 소를 신으로 모시던 고대인보다 현대인이 소를 받들어 모시고 있는 셈이다. 전 지구적으로 양극화가 심화되는 상황에서 소고기 스테이크를 먹는다는 것은 남과 다름을 과시하는 수단으로 볼 수 있다.

하지만 소는 과시나 질시 같은 감정으로 접근하기에는 덩치가 훨씬 크다. 소는 자본주의 역사를 관통하고 있다. '자본capital'의 어원도 얼마 전까지 가계 최고 재산이던 '소cattle'에서 왔다. 언어적 기원뿐만 아니라 실제로도 소는 현대인의 행동과 사고, 심지어 입맛까지 지배하는 자본주의를 이끌어낸 기관차 역할을 했다. 소가 인류의 근대사를 깊게 쟁기질해 현대자본주의를 잉태시킨 과정을 알려면 소의 나라, 미국의 역사를 살펴보아야 한다. 영국의 식민지 중 하나였던 가난한 미국은 어떻게 제1차 세계대전 직후인 1920년 세계 패권을 장악했을까? 그 비결은 '소'다.

미국은 1776년 독립선언 뒤 영국과의 전쟁에서 승리해 1783년 파리조약으로 독립을 인정받았다. 그러나 미국은 독립 당시 13개 주로 구성된 면적 40만 제곱킬로미터, 인구 240만 명의 작은 나라였다. 담배·목화 등 농산물을 영국에 수출하는 전형적인 식민지에 불과했다. 미국 독립의 아버지들조차 미국이 영국을 따돌리고 제국이 될 것이라고 생각하지 않았을 것이다. 초대 대통령이던 조지 워싱턴은 미국 서부를 개척하는 데 1,000년이 걸릴 것이라고 예상하기도 했다.

가난한 식민지 미국은 어떻게 제국이 되었나

미국의 산업혁명은 영국처럼 방적기로 시작되었다. 1790년 영국 기술자 새뮤얼 슬레이터Samuel Slater의 활약으로 미국에 방적기가 생겨났고, 1793년 엘리 휘트니Eli Whitney는 조면기를 만들었다. 조면기는 목화에서 씨를 분리하는 기계로, 수백 배의 생산성 향상을 가져왔다. 두 기계로 식민지 농업은 담배에서 목화로 바뀌었고 곳곳에 섬유 공장이 들어섰다.

1807년에는 미국에서 주목할 만한 발명이 일어났다. 로버트 풀턴Robert Fulton이 세계 최초로 상용화될 수 있는 증기선을 만든 것이다. 이 증기선은 지금의 관점에서는 거북이 수준이지만 바람으로 움직이는 범선에 견주어 빠르고 예측 가능하게 강을 거슬러 올라갈 수 있었다. 증기선은 마차의 10분의 1 가격으로 화물을 운송했다. 1825년 허드슨강과 이리호를 연결하는 운하가 뚫리면서 미국 동부와 중서부의 유통혁명이 일어났다.

1830년부터 미국에 증기기관차가 다닐 선로가 깔리기 시작했다. 1825년 영국 스톡턴Stockton과 달링턴Darlington 사이에 세계 최초의 공용 증기기관차가 다니게 된 지 얼마 되지 않을 때였다. 그런데 평지인 영국과 달리 산지가 많은 미국은 영국 기차를 그대로 수입해 사용하기 어려웠다. 증기기관차는 세계 최초의 증기선을 만드는 과정에서 다져진 미국의 저력을 보여주기 충분했다. 미국은 증기선에 이어 증기기관차까지 스스로 만들어내면서, 애덤 스미스가 『국부론』에서 예언한 대로 미국이 독립할 경우 영국을 위협할 제국이 될 가능성이 충분하다는 것을 보여주었다.

이런 와중에 1848년부터 캘리포니아를 비롯한 서부에서 금광이 잇따라 발견되었다. 1851년 존 B. L. 솔John B. L. Soule은 『테르 오트 익스프레스Terre Haute Express』에 「젊은이여, 서부로 가라Go West, young man」라는 칼럼을 게재했다. 그 이후 '서부'라는 말은 미국의 개척 정신을 상징하는 말이 되었다. 골드러시와 해외 자본 유입으로 미국 철도망은 애팔래치아산맥 너머 서부로 뻗어나가기 시작했다.

미국의 철도와 유럽의 철도는 개념이 달랐다. 유럽의 철도가 기존의 도시를 이었다면 미국의 철도는 사람이 없는 황무지로 뻗어나갔다. 철도가 기존의 도시를 이은 것이 아니라 철도가 깔리면서 도시가 생겨나고 사람이 몰려들었다. 인구가 늘어 도시가 생겨나고 길이 생기던 인류 역사의 흐름과 정반대였던 셈이다.

미국은 황무지에 도시를 만들어주는 도깨비방망이 같은 철도 건설의 효과를 톡톡히 누렸다. 미국의 인구는 1855년 영국을 앞질렀다. 1859년 미국의 민간 철도 회사 투자 총액은 10억 달러에 달했는데, 당시로는 천문학적인 액수였다. 1861년 남

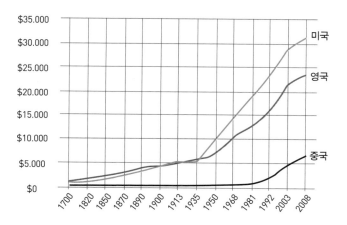

$35.000

$30.000

$25.000

$20.000

$15.000

$10.000

$5.000

$0

미국

영국

중국

1700 1820 1850 1870 1890 1900 1913 1935 1950 1968 1981 1992 2003 2008

1700년부터 2008년까지 인플레이션을 감안한 미국·영국·중국의 1인당 국내총생산의 변화.

북전쟁 시작 전 미국의 철도는 약 4만 8,000킬로미터로 영국 철도 길이의 3배를 넘어섰다. 그 이후에도 미국의 철도망이 전 국으로 거미줄같이 퍼져 나가 1900년에는 유럽 전체의 철도 길 이를 능가하고, 세계 철도의 40퍼센트를 차지했다. 1860년 세 계 4위였던 미국의 산업 총생산량은 1894년 영국을 추월했다.

영국이 미국에 덜미를 잡힌 이유는 간단했다. 국내총생산 GDP의 개념이 없던 시절이라고 하지만, 영국은 고대 로마인들 도 알던 '국력=인구'라는 상식 중의 상식을 망각했다. 영국인 은 같은 앵글로색슨족인 미국인조차 야만인 취급하며 가혹한 세금 정책을 앞세우다 미국의 독립을 촉발했다. 1770년대 영 국 정부가 식민지 미국의 요구대로 세금을 인하했다면, 미국은

1900년 초반까지 오스트레일리아나 캐나다처럼 영국에 충성을 다하는 속지로 남아 있었을지도 모른다.

학자들은 식민지에서 목화·고무 등 원료를 수입해 가공한 뒤 다시 식민지에 파는 플랜테이션 운영의 달콤함에 젖은 기득권층이 개혁을 거부하는 지대 추구rent-seeking를 고집한 것이 영국의 쇠퇴 원인이라고 지목해왔다. 고대 로마 시대부터 토지를 소유한 귀족과 지주들은 민심이 반영된 개혁안을 좌절시키는 핵심 세력이었다. 이탈리아 도시국가들이 이들을 잠재적인 반역자로 여긴 것은 역사를 고찰하며 배운 것이지만 선견지명이기도 하다.

특히 영국의 지대 추구 세력은 상인과 결탁해 수입관세를 높게 부과하는 중상주의 정책을 지지했다. 지주와 상인들은 흉년이 들어 식량을 비롯한 생필품 가격이 폭등해도 관세 보호 덕분에 큰 이익을 얻을 수 있었다. 반면 서민들은 매년 널뛰는 생필품 물가에 생존을 위협받았다. 1848년 곡물관세가 폐지될 때까지 영국에서 폭동이 지속해서 발생한 까닭이다. 자국의 노동 계층은 물론 식민지 주민과의 불통이 영국을 망친 셈이다.

소고기로 노다지를 캐다

반면 미국은 영국과 다른 자본주의를 선보였다. 미국 자본주의의 핵심은 식민지 플랜테이션이 아니라 거대 장치산업인 철도였다. 미국의 철도 산업은 남북전쟁을 전후로 가속화되었다. 미국 정부는 철도 회사에 무상으로 엄청난 부지를 공여했다. 정부의 후원에 힘입어 유니언퍼시픽철도Union Pacific Railroad, UP와 센트럴퍼시픽철도Central Pacific Railroad가 1869년에 유타주 솔트레이크시티 인근 프로몬토리Promontory 포인트에서 만남으로써 최초의 대륙횡단철도가 완성되었다. 당시 미국 한 통신사는 이 순간을 이렇게 타전했다. "끝났다." 남북전쟁의 상처를 극복하고 미국이 하나로 연결되었다는 상징성을 부각한 말이다. 이후 미국의 산업 발전은 눈부셨다. 자본·인력·설비가 유럽의 관문인 동부에서 서부로 본격적으로 이동했다.

남북전쟁 뒤 미국이 철도 건설과 함께 집중한 일이 있었다. 대대적인 버펄로 사냥이다. 1870년 미군은 인디언 퇴치 작전을 직접적인 충돌 정책에서 인디언의 양식인 버펄로를 학살하는 기아 작전으로 변경했다. 버펄로 1마리를 죽이면 인디언 10명이 죽는다는 원리였다. 인디언과 교전 중에 적잖은 미군이 희생된 것도 한 이유였다. 총기를 자유로이 소지할 수 있었던 미국인들은 버펄로 사냥을 스포츠로 즐겼다. 정해진 시간에 누가

소고기의 붉은 살에서 튀어나온 현대자본주의

더 많이 버펄로를 죽이느냐는 야만적인 게임도 크게 유행했다. 이 때문에 4,000만 마리로 추정되던 미국의 버펄로는 1875년 이후 멸종에 가깝게 사라졌다. 1890년 미국 정부가 공식적으로 서부 개척 시대의 종료를 알렸을 때, 한때 북아메리카를 자유롭게 달리던 버펄로나 인디언도 일부 보호 지역을 제외한 미국 전역에서 사라졌다.

인디언과 버펄로가 사라진 미국 중서부를 차지한 것은 소였다. 공짜나 다름없는 서부의 목초지는 미국인은 물론 유럽인의 관심을 끌었다. 특히 기름진 소고기를 선호하던 영국인이 주목했다. 1860년 유럽에는 탄저병이 돌아 영국의 소고기 공급지인 아일랜드 등이 큰 타격을 받았다. 유럽의 소고기 가격은 천정부지로 치솟았고 소고기에 대한 열망은 더욱 커졌다. 게다가 미국은 영국인이 좋아하는 기름진 소를 키워낼, 옥수수를 재배할 수 있는 최적의 환경을 갖추고 있었다.

1860년대 소에 관심이 높아지면서 이민자들이 공짜 초지를 찾아 서부로 쏟아져 들어왔다. 1863년 미국 정부가 홈스테드법(택지법)을 제정해 이민자에게 농장과 주택을 지을 땅을 무상으로 공급한 것도 이런 붐의 원인이었다. 덕분에 '소고기로 노다지 캐기'라는 황당한 제목의 책이 출간되기도 했다.

과거 미국 철도는 남쪽의 목화를 북쪽의 공업지대로 실어 날랐다. 하지만 1867년 철도가 소를 시카고로 운송하면서 상황은 달라졌다. 소고기 부족에 아우성이던 영국의 금융자본은 미국의 철도 사업에 아낌없이 투자했다. 영국에 더 많은 소고기를 보내기 위해서였다. 급속도로 확산된 가축 수송이 미국 철로 확장의 견인차 역할을 한 것이다. 여기에 냉동 기술이 발달하면서 미국 서부에서 영국까지 6,000킬로미터라는 먼 거리는 문제가 되지 않았다. 1875년 대형 팬fan을 이용한 냉각 공기 순환 방식이 개발되면서 미국의 신선한 고기가 영국으로 공급되기 시작했다. 10만 톤이던 영국 수출 물량은 한 해 뒤인 1876년 10배가 넘는 130만 톤에 달했다. 1878년 프랑스에서 암모니아를 이용한 냉동 증기선이 발명되면서 소고기 수요는 더욱 늘어났다.

소가 만든 자본주의의 거품

소 덕분에 미국은 세계 최장의 철도가 깔린 철도 왕국이 되었다. 철도에 미국은 물론 유럽 각국의 돈이 몰리면서 미국의 철도는 증시의 블루칩으로 떠올랐다. 철도주를 사고팔았던 뉴욕 증권시장은 시골의 증권거래소에서 1860년대 세계 최대 증권시장이 되었다. 이런 투자 열기를 반영하듯 1860년 말에는 무려 1,000개에 육박하는 철도 회사가 난립했다.

미국 철도 기업들은 단순히 기차역과 철로만 건설한 것이 아니었다. 이 회사들은 사실상 최초로 경영과 소유를 분리해, 공개된 주식시장에서 자본을 충당하는 근대적 주식회사를 선보였다. 철도 기업이 선보인 미국의 주식회사는 회사를 경영하는 전문 경영인이 주주의 투자 수익을 보장했다. 이는 기존의 주식회사가 가족·친인척의 자금으로 운영되거나 영국·네덜란드 동인도회사처럼 국가 주도로 세워진 뒤 몇몇 프로젝트에만 집중했던 것과는 큰 차이가 있었다. 철도 기업은 금융 투자와 공개된 자본시장에 쏟아져 들어온 투자가들의 풍부한 자금으로 거대한 기업을 운영했다.

철도 기업들이 이익을 내기 위해 업종을 수직으로 통합한 점도 주목할 만하다. 석탄 광산이나 철강 회사 매입은 물론이고 고객의 편리를 위해 역 주변에 호텔을 건설했다. 지금 관점으로 보면 일감 몰아주기 등 부당 내부 거래 행위의 소지가 높지만, 당시에는 관리 비용을 절감하는 경영 방법이었다. 또 승객 운송과 화물 배송을 정시에 맞추기 위해 엄격한 시간 관리와 함께 근대적 인사 관리 시스템을 도입했다.

일분일초와 단돈 1달러도 헛되게 쓰지 않으려는 극단적인 효율 추구라는 자본주의 경영 방식으로 무장한 새로운 기업들 은 석유와 내연기관과 전기의 대중화로 대량생산과 대량 소비를 특징으로 하는 제2차 산업혁명을 주도했다. 이는 중기기관

같은 외연기관을 기반으로 한 경공업과 식민지 플랜테이션을
중심으로 진행된 영국 주도의 제1차 산업혁명과 큰 차이를 보
였다.

철도 독과점이 낳은 1873년 공황

미국 산업 발전을 이끈 철도 기업은 폐해도 적지 않았다. 미국
에서는 1850년 돈이 되는 철도 기업을 두고 돈 놓고 돈 먹는 식
의 온갖 협잡이 끊이지 않았다. 건달들이 너도나도 돈이 되는
철도 사업에 뛰어들면서 허위 공시를 예고했다. 이들은 갱을
동원해 상대 회사의 사무실을 터는가 하면 서로 총질하는 것은
물론이고 세를 과시하려고 기차를 충돌시키는 것도 마다하지
않았다.

　'철도 정글'에서 승리한 사람은 뉴욕 일대 항만 사업을 주물러
'제독'으로 불리던 네덜란드 이민자 후손인 코닐리어스 밴더빌
트Cornelius Vanderbilt였다. 그는 선박 사업으로 인생 최고의 시기
를 보내던 노년인 60대에 철도의 가능성을 보고 선박 기업과 주
식을 모두 팔아 철도 사업에 뛰어들었다. 그 뒤 밴더빌트는 미
국 철도 기업의 40퍼센트를 인수·합병해 철도왕으로 불렸다.

　그러나 과열된 철도 산업의 폐해는 공황으로 이어졌다. 밴

더빌트는 오하이오 출신 석유 사업자인 존 D. 록펠러John D. Rockefeller의 정유 회사인 스탠더드오일과 석유 수송을 놓고 대립했다. 록펠러는 경쟁 업체를 이기기 위해 수단과 방법을 가리지 않는 약탈적 경영의 대명사 격인 기업인이었다. 밴더빌트와 철도 기업들은 새로운 적인 록펠러를 길들이려고 담합해 석유 수송 단가를 높였다. 그러나 록펠러는 파이프라인이라는 새로운 석유 운송 장치를 고안해 철도 기업들의 허를 찔렀다. 파이프라인의 등장으로 이미 과잉 상태였던 철도 주식 투매가 일어났다.

그 결과 1873년 은행과 철도 기업이 줄줄이 파산하면서 공황이 발생했다. 1871년 프로이센과 프랑스 전쟁의 배상금 문제 등으로 유럽에서 먼저 시작된 공황의 파장은 그때까지의 공황과 다르게 1879년까지 상당 기간 지속되었다. 그래서 1929년 대공황 전까지 최악의 공황으로 꼽혔다. 하지만 공황의 원인을 제공한 록펠러는 오히려 이 시기에 기업을 사들여 미국 석유 생산의 95퍼센트를 독점하게 되었다. 미국 최초의 독점기업이자 세계 최대 석유 기업으로 성장한 스탠더드오일은 1911년 반독점법으로 33개의 회사로 쪼개졌다. 그러나 스탠더드오일에서 분리해 나간 엑손모빌 등의 석유 기업은 지금도 건재하다.

미국에서 웬만한 유럽 국가의 경제 규모보다 큰 독점기업이 탄생한 이유는 기업에 관대했던 미국 정부의 정책 탓이 크다.

미국 정부는 1800년대 초부터 사실상 기업에 어떤 규제도 하지 않는 자유방임 정책을 펼쳤다. 자국 산업을 보호한다는 명분으로 제조업체의 요구를 대부분 들어주었다. 최저임금이나 적정 노동시간 준수 같은 원칙은 꺼낼 수조차 없는 것이 당시 미국의 현실이었다. 1888년부터 1908년까지 미국에서 산업재해로 목숨을 잃은 노동자는 70만 명이나 되었다. 록펠러의 스탠더드오일에서 일하는 노동자는 24시간 일하는 것으로 유명했다.

미국 경제는 1870년부터 1910년대까지 고도성장했다. 하지만 이 시기에 미국 자본주의는 노동 착취, 투기, 독과점, 공황 같은 상상할 수 있는 모든 폐해를 적나라하게 보여주었다. 소설가 마크 트웨인Mark Twain이 1873년 『도금 시대The Gilded Age: A Tale of Today』라는 책에서 미국 산업의 병폐를 신랄하게 풍자했던 것도 이런 이유다. 사람들은 자본주의의 발전과 야만성은 동전의 양면이라는 것을 깨달았다. 미국의 노동운동이 발전한 것도 이때였다.

그러나 꼴불견인 도금 시대에도 혁신은 분명 있었다. 1913년 헨리 포드Henry Ford는 경제학의 창시자인 애덤 스미스가 『국부론』에서 설명한 분업을 컨베이어 시스템으로 창조적으로 계승했다. 스미스 시대 노동자는 바늘을 만들려면 공장을 이리저리 옮겨 다녀야 했지만, 포드 시대에는 자기 자리에서 컨베이어 벨트에 실려 쏟아져오는 바늘을 맡은 임무대로 단순 가공하면 되었다.

포드의 컨베이어 시스템으로 승용차 1대당 조립 시간이 5시간 50분에서 1시간 40분으로 줄어들었다. 생산량의 증가는 더 극적이었는데 1910년 1만 9,000대에서 1914년 27만 대로 늘어났다. 그래서 포드는 노동자를 부품화한다는 비판에도 미국뿐 아니라 인류에게 물질문명의 달콤함을 맛보게 해준 인물로 꼽힌다. '값싸게 만들어 값싸게 판다'는 포드의 생각은 지금도 세계 대부분 공장에서 살아 꿈틀거리고 있다.

소가 알려준 대량생산의 방정식

포드는 컨베이어 시스템의 영감을 시카고의 도축 공장에서 얻었다. 1877년 서부의 소와 중북부의 곡물이 모이는 시카고에 도축과 포장 공장이 들어섰다. 이 가운데 아머Armour, 모리스Morris, 스위프트Swift, 쿠다히Cudahy, 설즈버거Sulzberger 등 5개 정육·포장 기업은 제1차 세계대전이 일어나기 직전 미국 소고기의 3분의 2를 처리할 정도로 고속 성장했다. 이들은 소 1마리 도축과 포장에 몇 시간이 걸리던 복잡한 공정을 도살, 절단, 분류, 세척, 손질, 포장으로 구분한 뒤 모든 과정을 컨베이어 벨

20세기 초 시카고 정육 공장은 대량생산과 분업화로 엄청난 효율성을 보여주며 포드 시스템의 모델이 되었다.

트를 이용해 처리하는 방식을 고안해냈다. 그 결과 하루 80여 마리에 불과하던 처리량을 1,000여 마리로 10배 이상 늘릴 수 있었다. 물론 이들 업체의 도축과 포장 과정은 상상을 초월할 정도로 비위생적이었다. 한 언론인이 이를 고발하는 르포를 책으로 냈고 파장은 컸다. 이 사건을 계기로 미국 정부는 미국식품의약국FDA을 설립했다.

　비위생적·비윤리적이라는 한계에도 정육 포장은 대량생산과 분업화는 물론 제조 과정에 조합 공정을 성공적으로 도입한 인류 최초의 산업이었다. 포드는 시카고 도축 공장의 소 해체 과정을 자동차 조립 과정에 거꾸로 적용해 대량생산과 대량 소비라는 자본주의의 정수를 선보였다.

지난 수만 년간 소는 생산력의 아이콘으로 인간의 경외를 받아왔다. 인간은 2011년 기준 약 14억 마리의 소를 키운다. 수명이 15~20년인 소를 광우병을 피한다는 명목으로 2년 이내 도축한다. 광우병은 인간이 소에게 동족인 소뼈를 사료로 먹여 소의 뇌에 이상이 생기는 병이다.

그래도 소는 이렇게 배은망덕한 인간에게 자신의 이름cattle을 딴 자본주의capitalism를 선물했다. 미국의 철도 산업, 근대적 의미의 대기업 출현과 그에 따른 제2차 산업혁명, 대량생산을 이끈 포드형 생산방식 등 현대자본주의를 이끈 주요 사건들은 소와 깊은 연관이 있다. 살과 뼈는 물론 가죽까지 아낌없이 내주는 소에게 인간은 갚기 어려운 큰 빚을 지고 있는 셈이다.

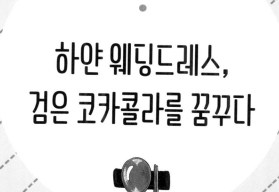

11

하얀 웨딩드레스,
검은 코카콜라를 꿈꾸다

"코카콜라 병 속에 자본주의의 본질이 머물고
있다."

• 로버트 우드러프Robert Woodruff(코카콜라 전 CEO)

웨딩드레스와 다이아몬드

인생에서 가장 기억나는 순간은 언제일까? 사람마다 차이가 있
겠지만 아마 결혼식이 아닐까? 인생에서 가장 아름다운 시절에
전혀 다른 삶을 걸어온 남녀가 만나 사랑을 느끼고 하나 될 삶
을 부모와 지인들 앞에서 약속하는 것. 그 자체만으로도 설레
는 일이다.

　사람들은 이런 결혼을 앞두고 어떤 고민을 할까? 얼마 전까
지 대중의 생각을 알기 위해서는 여론조사나 포커스그룹인터
뷰FGI를 해야 했지만, 요즘에는 빅데이터 분석이 긴요하다. 구
글 트렌드에 'how to propose', 'wedding'을 검색해보니 가장
많은 연관 검색어는 '웨딩드레스', '다이아몬드 반지', '금반지'
등이었다. 다음소프트의 사회 관계망 트렌드 분석 틀(소셜 메트

릭스)을 보면, '결혼식'과 가장 많이 언급된 단어로 '예쁘다', '사랑하다', '축하하다'라는 긍정적인 단어가 많았다. 물론 '망치다', '무개념'이라는 부정적 단어도 있었다. 결혼이 마냥 달콤하지는 않다는 것이 느껴진다.

그렇다면 언제부터 결혼식이 웨딩드레스와 다이아몬드로 표준화되었을까? 우리나라 결혼 문화에 웨딩드레스와 다이아몬드 반지가 보편화된 것은 중산층 개념이 들어선 1980년대 이후였다. 웨딩드레스가 다이아몬드 반지보다는 빨랐다. 다이아몬드는 1913년 『매일신보』에 연재했던 소설 「장한몽」의 등장인물 김중배 덕분에 익숙하기는 했지만 보편화되기까지는 시간이 더 필요했다. 서구에서도 19세기 말 남아프리카에서 대규모 광산이 발견되기 전까지는 다이아몬드가 귀했다.

지금은 상식이라고 생각하는 하얀 웨딩드레스도 결혼의 긴 역사에서는 낯선 것이었다. 로마 시대 웨딩드레스는 붉은색이었고 근대 네덜란드에서는 초록색이었다. 순백색 웨딩드레스는 1840년 영국의 빅토리아 여왕이 처음 입으면서 귀족들 사이에서 유행하기 시작했다는 것이 정설이다. 64년간 재위한 빅토리아 여왕은 해가 지지 않는 나라를 만들었던 '주식회사 영국'의 최고경영자였다. 그런 상위 1퍼센트 가운데 1퍼센트인 여왕이 180년 전 선보인 유행이 영국은 물론 지구를 반 바퀴를 돌아 극동의 한반도까지 전해진 셈이다.

그전까지 결혼식 복장은 우리나라의 사모관대처럼 나라마다 고유성이 있었으나 불과 100여 년도 안 지나서 전 세계의 웨딩드레스는 순백색으로 통일되었다. 왜 수백 년을 이어온 사모관대와 금가락지보다 하얀 웨딩드레스와 보석 반지가 익숙해진 것일까?

코카콜라와 맥도날드

하얀 웨딩드레스의 전 지구적인 표준화 과정을 알려면 영국 왕실에는 실례지만 코카콜라와 맥도날드를 이야기해야 한다. 영국의 국력이나 식민지의 넓이가 아니라 패스트푸드를 이야기하는 것은 웨딩드레스나 코카콜라·맥도날드가 사용가치보다 상징적 가치에 치중하는 자본주의의 대표적인 '상품'이기 때문이다.

　기호의 불일치를 '황당'이 아니라 '매력'으로 만든 것은 영국 왕실보다 미국 식품 기업의 공이다. 다이아몬드는 내전 중인 아프리카 독재자들의 돈줄 노릇을 해 '핏빛'이라는 수식어가 붙기도 하지만, 서방세계에서는 '영원한 사랑'으로 통하는 것도 다이아몬드를 애용한 왕족이 아니라 기업 덕분이다.

　1789년 프랑스혁명 직전까지 가난한 민중은 단 한 번도 여

코카콜라와 맥도날드는 전 세계에 동일한 제품이 팔리고 있는 대표적인 제품이다. 이들의 표준화된 대량생산과 대량 소비는 자본주의의 정수이기도 하다.

왕이 입던 드레스를 꿈꾼 적이 없었다. 그것은 타고난 신분과 직업을 결정해준 신의 섭리에 위배되는 일이었다. 산업혁명 이후 1900년 전까지 끼니를 걱정해야 했던 가난한 남녀 노동자들은 감히 다이아몬드 반지를 결혼 예물로 상상하지 못했다. 그들은 임금 인상과 노동시간 단축을 요구할 권리조차 없었다. 영국에서 주인과 하인의 관계로 명시되었던 주종법Master and Servant Act이 사용자와 노동자의 관계를 규정한 노동법으로 바뀐 것이 1867년이다.

　그러나 현대자본주의 시대의 대중은 누구나 웨딩드레스와 다이아몬드 반지뿐 아니라 일상적인 소비를 통해 더 나은 삶을 꿈꾸고, 내가 아닌 나를 꿈꾸기도 한다. 대중이 이런 환상을 욕망하고 구매할 수 있게 된 것은 1920년 미국에서 대량생산 시스템이 시작되면서부터다. 인류 역사상 처음 있는 일이었다. 하지만 욕망에도 교육은 필요한 법이다. 엄숙한 청교도적 사고방식과 모두가 살기 좋은 사회를 만들어야 한다는 진보주의는 '욕망이라는 이름의 전차'를 멈추게 하는 브레이크였다. 이 브레이크를 제거하고 20세기 대량생산·대량 소비의 상징이 된 상품이 코카콜라와 맥도날드다.

모든 것이 달라진 1920년대

진정한 의미의 20세기가 시작된 것은 1900년이 아니라 1920년대다. 미국에서는 1920년대를 '광란의 시대', '재즈의 시대', '헛소리의 시대' 등 여러 가지로 부르지만 학자들은 '새로운 시대 new era'라고 부른다.

새로운 시대를 좀더 정확하게 말하려면 제1차 세계대전이 끝난 1918년 11월로 거슬러 올라가야 한다. 미국은 제1차 세계대전이 끝나자 세계 최대 채권국이 되었다. 제1차 세계대전 직전까지 미국은 세계 최대 채무국이었다. 미국은 이미 1894년 산업총생산량에서 영국을 따돌리고 1위가 되었지만 진정한 의미의 패권을 차지한 것은 이때부터다.

독일이 1914년 '6주 단기 완성'의 유럽 지배를 꿈꾸었지만, 유럽 대부분의 나라가 뛰어든 전쟁은 4년간 계속되었고 군인 900만 명을 포함해 일반인까지 모두 1,300만 명이 사망했다. '해가 지지 않는 나라' 영국이 미국과의 경쟁에서 뒤처진 것은 제1차 세계대전에서 입은 피해 탓이라고 분석하는 이유다.

반면 미국은 이 전쟁으로 승리한 유일한 나라가 되었다. 미국은 독가스와 비행기, 탱크까지 동원된 전쟁의 직접적 피해에서 비켜나 있었다. 덕분에 미국은 유럽의 후방 기지 역할을 하며 경제적 이득을 취했다. 밀 같은 식량뿐 아니라 총·대포·군함·비행기까지 유럽에 수출해 돈을 긁어모았다.

'전쟁으로 오두막 한 채 불타지 않았던' 미국은 물론 어부지리만 챙기지는 않았다. 미국은 전쟁 전부터 포디즘fordism이라는 새로운 생산 방식을 도입해 생산력을 끌어올리고 있었다. 디트로이트의 포드 공장에는 작업대가 모두 사라지고 컨베이어 벨트가 깔렸다. 작업장을 옮겨 다니던 노동자들이 고정된 자리에서 벨트에 실려 오는 부품을 단순 가공하게 되었다. 포드 시스템이 도입된 뒤 포드 모델 T의 1대당 조립 시간은 5시간 50분에서 1시간 38분으로 줄어들었다. 생산량도 1910년 1만 9,000대에서 1914년 27만 대로 늘어났다. 1924년에는 200만 대를 돌파했다. 전 세계 자동차의 절반이 포드 모델 T였다. 미래를 디스토피아로 그린 올더스 헉슬리Aldous Huxley의 1932년 공상과학소설 『멋진 신세계』에서 연도를 우리가 주로 사용하는 ADAnno Dommi 대신 AFAfter Ford를 쓴 것도 포디즘의 영향이 어느 정도였는지 짐작하게 한다.

사상의 혁명 대신 생산의 혁명

포드 덕분에 과거와 다른 새로운 시대가 열렸다. 가난한 노동자도 돈만 있다면 자본가와 동등한 소비자로 변신할 수 있었다. 생산력과 생산수단만큼이나 구매력이 중요해지기 시작했다. 마르크스는 "상품이란 형이상학적인 좀스러움과 신학적 변덕으로 가득한 기묘한 물건"이라고 폄하했지만, 그것은 부르주아들이 자신을 과시하기 위해 사치에 나서던 19세기 백화점의 풍경에 걸맞은 묘사였다. 20세기에는 노동자들도 '변덕으로 가득한' 신상품을 갈구했다.

대표적인 상품이 자동차였다. 20세기 초까지만 해도 자동차는 부자들의 비싼 장난감이었다. 그러나 포드 덕분에 누구나 살 수 있는 상품이 되었으며 1940년대 말에는 가정의 필수품이 되었다. 포드는 자동차를 가격별로 세분화했다. 어떤 차를 타는지가 주인의 신분을 나타냈다. 노동자들은 새로운 자동차와 교외의 깨끗한 집을 얻으려고 부지런히 '노동'했다. 미국 역

1920년대 자본주의의 광풍이 몰아치며 이전과는 전혀 다른 시대가 열렸다. F. 스콧 피츠제럴드의 『위대한 개츠비』는 이 시대를 배경으로 한다. 사진은 2013년 배즈 루어만 감독의 동명 영화의 한 장면.

사상 가장 신분 상승의 가능성이 높던 때였다. 미국 노동자들은 물질적 풍요를 얻은 대신 대량소비사회 시대를 맞아 스스로 경쟁에 내몰았다. '밥 먹으면 배부르다'는 식의 자기 계발 서적이 이 시기에 쏟아진 것도 이런 이유에서였다.

1920년대를 '재즈의 시대'로 부른 것은 배금주의에 빠져 청교도적 전통이나 진보나 개혁을 잊어버린 당시 시류 탓이기도 했다. 노조 가입률은 해마다 떨어졌고 '노동자'라는 날 선 명사는 '소비자'라는 둥글둥글한 명사로 대체되었다. 산 포드가 죽은 마르크스를 쫓아낸 셈이었다. 러시아와 독일에서 혁명이 일어날 때 미국에서는 인종차별 단체인 KKKKu Klux Klan가 부활해 해가 거듭할수록 회원이 늘어나는 정신적 퇴보의 조짐도 보였다.

　미국은 사회주의국가가 생겼던 유럽과 달리 사상의 혁명 대신 생산의 혁명을 선택했다. 1927년 미국은 세계 총생산량의 42퍼센트를 담당했다. 미국은 세계 영화의 80퍼센트, 자동차의 85퍼센트를 생산했다. 미국의 시골인 캔자스주가 보유한 자동차가 프랑스 전체의 자동차보다 많았고, 미국에 한 해 동안 설치된 전화기는 영국 전체의 전화기보다 많았다.

　생산 혁명은 생활용품으로도 확산되었다. 의사 출신 존 하비 켈로그John Harvey Kellogg가 만든 시리얼을 비롯해서 질레트 면도기, 허쉬 초콜릿, 아이보리 비누, 리글리 추잉 껌, 하인즈 케첩 등 새로운 생활용품이 줄줄이 출시되었다. 탄산음료 매장에서만 판매되던 코카콜라가 병에 넣어져 전국에서 판매되었다. 단돈 5센트였다. 지구 상 어느 나라에도 없었던, 압도적인 물질 풍요의 시대가 열린 것이다.

코카콜라는
쿠텐베르크 은하의 종말을 불러왔다

여기에 미디어가 가세했다. 전화와 축음기 등 전자 제품이 쏟아지면서 전파 매체가 생겨났다. 세계 최초로 미국에서는

1921년 라디오 방송국이 생겨났다. 라디오 방송이라는 새로운 매체에 사람들은 관심을 보였고 광고가 몰렸다. 라디오 방송이 생기면서 신문광고의 3분의 1, 잡지 광고의 절반이 줄 정도였다. 광고 시장의 경쟁이 치열해지면서 미디어는 새로운 사건에 목말라 했다. 1927년 25세에 불과한 찰스 A. 린드버그Charles A. Lindbergh가 최초로 뉴욕에서 파리까지 대서양 횡단 비행에 성공하자 일약 국민 영웅으로 떠오른 것은 이런 미디어 환경 탓이었다.

귀국 후 린드버그의 일거수일투족은 라디오로 생중계되었고 청취율은 고공 행진을 거듭했다. 이런 스타 동원 이벤트가 거듭되면서 라디오는 자동차와 함께 미국 가정의 필수품이 되었다. 같은 해 소리와 영화가 결합된 유성영화가 최초로 등장했다. 1929년에는 흑백텔레비전 방송이 시작되었다. 잘생기고 재미있는 매력적인 남녀가 스타로 등장하기 시작했다. 매스미디어의 발달로 비범한 힘을 가진 영웅이 아닌 평범한 사람이라도 미디어의 후광으로 얼마든지 스타가 될 수 있었다. 텔레비전이 등장하고 불과 몇 년 만에 미디어가 침이 마르게 칭송하던 린드버그는 잊혔다.

특히 딱딱한 텍스트에 견주어 이미지로 가득 찬 전자 매체는 광고에 최적이었다. 전파 시대 광고는 특성상 무한 반복되었다. 미디어학자 마셜 매클루언Marshall McLuhan의 말처럼 16세기에 시작된 텍스트 중심의 '구텐베르크의 은하'는 종언을 고할 준비를 해야 했다. 이미지는 그때까지 텍스트의 보조물에 불과했지만, 매스미디어의 발달로 메시지 전달의 핵심으로 떠올랐다.

광고는 미국 노동자 계층에게 자동차와 집을 소비하기만 하면 중산층으로 신분 상승을 할 수 있다는 환상을 심어주었다. 19세기 싱어 재봉틀이 최초로 고안한 할부 제도는 이 환상을 현실로 만들어주는 역할을 톡톡히 했다. '환상의 최전선'에 있던 전위부대는 코카콜라였다.

코카콜라 역시 스스로 운명을 개척하는 영웅이라기보다는 1920년대 미디어에 의해 탄생한 스타들과 비슷한 존재였다. 코카콜라는 남아메리카의 코카잎과 아프리카의 콜라잎으로 만든 미국 남부 지역의 민간 약품 중 하나였다. 코카잎에 든 마약 성분이 진통이나 피로 해소에 효과가 있었던 것이다. 그러나 정부가 의약품에 매기는 세금을 음료수에 매기는 세금보다 높이자 코카콜라는 코카잎 성분을 빼버렸다. 그리고 '진통', '강장' 대신 '상쾌함', '행복'이라는 단어로 슬로건을 바꾸었다.

본질은 가고 거죽만 남은 셈인데 미국 대중은 본질과 상관없이 코카콜라에 열광했다. 광고 덕분에 물로도 풀 수 없는 갈증을 콜라가 풀어준다고 소비자가 '욕망'하기 시작했기 때문이다. 실재하는 가치가 없는 코카콜라에 다른 소다수에 없는 상쾌함이 있다는 신화적 지위를 획득하게 된 것이다. 수많은 기업이 코카콜라의 마케팅 기법을 바이블로 삼게 된 이유다.

　코카콜라의 광고에 대한 집착은 오랜 전통이었다. 1886년 코카콜라를 만든 존 펨버턴John Pemberton은 한 해 뒤 동업자와 상의 없이 자신의 이름으로 상표를 등록한 뒤 이렇게 말했다. "만약 내가 2만 5,000달러가 있다면 2만 4,000달러를 광고비로 쓰고 나머지로 콜라 원액을 생산할 거야. 그렇게 하면 부자가 될 수 있어."

　코카콜라가 광고에 얼마나 많은 돈을 쏟아부었는지는 통계만 보아도 알 수 있다. 코카콜라 원액 생산은 1901년 46만 8,411갤런에서 10년 후인 1911년에는 481만 5,677갤런으로 증가했다. 광고비는 10만 276달러에서 1911년 108만 9,010달러로 증가했다. 광고비는 10.86배, 매출은 10.34배 증가했다. 1910년 미국인들의 평균 연봉은 800달러였고 일당이 2~3달러 수준이었다는 점을 감안하면 코카콜라의 광고비 규모를 가늠할 수 있다. 코카콜라의 미끈한 스펜서체spencerian script 로고, 여성의 치마 모양을 한 병, 강렬한 빨간색 로고는 간단하게 나온 것이 아니었다.

산타클로스에게 빨간 옷을 입힌 코카콜라

심지어 코카콜라는 1931년에는 눈이라고는 보기 어려운 지중해 지역인 터키의 성인 성 니콜라스에게 코카콜라의 브랜드 색상인 빨간 옷을 입히고 콜라의 흰 거품을 상징하는 희고 풍성한 수염을 붙여 산타클로스로 재창조했다. 여름에 견주어 매출이 떨어지는 겨울철 마케팅용으로 엄숙하고 근엄한 종교적 인물을 깜찍하게 변신시켜 광고에 등장시킨 것이다.

20세기 산타클로스의 탄생 과정에 대해서 논쟁의 여지는 있지만, 빨간 옷을 입은 산타클로스는 모든 사람의 머릿속에 뚜렷하게 각인되어 있다. 코카콜라는 자기들이 산타클로스를 만들었다며 1996년 산타클로스 탄생 65주년 행사를 벌이기도 했다. 그들에게는 팩트보다 대중의 욕망을 자극하는 이미지가 중요했다.

코카콜라가 주는 환상은 제2차 세계대전 이후 미국이 서구 세계의 가장 강력한 패권 국가가 되면서 전 세계로 확대 재생산되었다. 코카콜라는 할리우드 영화, 자동차, 냉장고와 세탁기, 소고기 스테이크, 파커 만년필 등과 함께 미국의 풍요를 상징하는 아이콘이 되었다. 공장에서 나온 음식이 한 나라를 대표한 것은 코카콜라가 처음이었다. 대부분 한 나라를 대표하는 음식은 땅이나 바다에서 나온 식재료를 사람이 가공한 것이다.

그러나 코카콜라는 이미지로 시작해서 이미지로 끝나는 공산
품이었다.

하얀 웨딩드레스와 다이아몬드 반지 같은 서구적 결혼의 이
미지가 전 세계에 확고하게 자리를 잡은 것도 비슷한 시기다.
다이아몬드가 영원한 사랑을 뜻하게 된 것은 1947년 다이아몬
드 회사인 드비어스의 광고 때문이다. 미국 청년이 1,500만 명
이나 파병되었던 제2차 세계대전이 끝나자 사회적으로 결혼에
대한 욕구가 폭발하기 시작했다.

드비어스는 그런 예비부부에게 다이아몬드를 판매하고 싶
었다. 광고를 맡은 회사는 '다이아몬드=영원한 사랑의 증표'라
고 콘셉트를 잡았고, 이 광고는 미국 젊은이뿐 아니라 전 세계
의 젊은이에게 기존에 없던 욕망을 만들어냈다. 다이아몬드 반
지가 결혼식에 쓰인 유래는 1477년 오스트리아 막시밀리안 대
공(훗날 신성로마제국 황제가 된다)이 부르고뉴의 마리 공주에게
청혼하면서부터였다. 마리는 프랑스 일부와 벨기에·네덜란
드·룩셈부르크에 이르는 영토의 상속인이었다. 미모도 상당
해 당시 유럽 최고의 신붓감으로 꼽혔다. 이런 세기의 결혼식
을 후원했던 사람은 유럽 광산업의 큰손이었던 독일 아우크스
부르크의 푸거 가문이었다(169쪽, 「북해에 울려 퍼진 푸른 죽비 소
리, 청어」 참조). 500년 동안 대중은 전혀 몰랐던 유럽 왕족의 결
혼 관습을 미국의 광고가 확산시킨 것이었다.

리처는 현대 사회의 핵심이 패스트푸드에 담겨 있다고 보았다. 세계는 맥도날드에 의해 '맥도날드화'되었으며, 핵심은 효율성, 계산 가능성, 예측 가능성, 통제다.

미국적 소비문화를 세계로 전파한 좌청룡이 코카콜라라면 우백호는 맥도날드다. 코카콜라가 광고를 통해 세계인의 무의식에 미국적 생활 방식을 주입했다면, 맥도날드는 의식과 제도라는 과학적 접근 방식으로 미국을 세계화했다. 이른바 맥도날드화McDonaldization다.

미국 메릴랜드대학 조지 리처George Ritzer가 쓴 『맥도날드 그리고 맥도날드화』는 맥도날드로 대표되는 패스트푸드점의 원리가 미국 사회를 비롯해 전 세계를 지배하는 과정을 설명한다. 리처는 맥도날드의 특성을 효율성, 계산 가능성, 예측 가능성, 통제로 압축했다. 소비자가 싼 가격을 지불해 배고픔을 채우는 효율성, 노동자는 계산된 동선 아래 신속하게 일하는 통제, 같은 양과 서비스를 받을 수 있다는 예측성이 맥도날드의 특징이라는 것이다.

지금의 햄버거를 언제 누가 처음 만들었는지에 대해서는 의견이 분분하다. 그러나 분명한 것은 미국에서 퍼져나갔다는 점이다. '햄버그 스테이크'라는 단어가 널리 쓰이기 시작한 것은 1900년대부터다. 맨 처음에는 다진 고기구이 즉, 우리가 말하는 함박 스테이크 형식이었다. 이렇게 구운 고기를 즉석에서 빵에 넣어 먹는 오늘날의 햄버거는 1921년 캔자스 위치토에서 첫선을 보였다. 패스트푸드fast food라는 단어는 1954년에 처음 등장했지만, 고기와 빵으로 한 끼를 간편하게 해결할 수 있던 햄버거는 1920년대부터 자동차를 필수품으로 여기고 교외에 거주했던 미국인에게 적합한 음식이었다.

오늘의 미국을 만든 것은 8할이 맥도날드다

맥도날드가 미국의 대표 브랜드가 된 결정적 요인은 맛이나 영양이 아니라 미국식 표준화였다. 맥도날드는 햄버거를 만드는 과정은 물론이고 종업원의 서비스까지 표준화해 통제했다. 명분은 청결이었지만 속내는 이윤의 극대화였다. 코카콜라가 광고와 환상으로 무의식을 지배하려 했다면, 맥도날드는 의식과 행동을 통제해 일상을 합리화하려 했다. 포드가 공장의 생산과정을 일관되게 효율화했다면, 맥도날드는 일상까지 효율화를 확대했다는 분석이 나오는 이유다. 양적인 자본주의를 포드가 만들었다면 정교화된 자본주의는 맥도날드가 만든 것이다.

맥도날드의 역사는 아일랜드계 이민자인 패트릭 J. 맥도널드Patrick J. McDonald가 1937년 캘리포니아주 몬로비아에 세운 레스토랑을 두 아들이 물려받아 1940년 맥도날드로 이름을 바꾸면서 시작되었다. 1954년 맥도날드와 거래하던 세일즈맨 레이 크록Ray Kroc은 맥도날드의 가능성을 보고 미국 전역 가맹점 사업권을 따낸 다음 체인화를 시도해 오늘의 명성을 얻었다.

크록의 프랜차이즈는 매우 혁신적이었다. 크록은 당시 5만 달러에 이르던 가맹비를 950달러만 받았다. 가맹점이 가입하면 나 몰라라 하던 다른 프랜차이즈와 질적으로 달랐다. 여기에 업무를 표준화해 모든 가맹점이 절대적으로 지키게 했다. 크록은 특히 품질·서비스·청결·가치를 귀에 못이 박이도록 이야기했다.

맥도날드의 표준화에 대한 집착은 작가 톰 로빈스Tom Robbins 가 1983년 『에스콰이어Esquire』에 기고한 글에서 엿볼 수 있다.

로빈스는 "콜럼버스는 미국을 발견했고 토머스 제퍼슨은 미국을 세웠으며, 레이 크록은 미국을 맥도날드화했다. 미국의 대표적인 분위기를 형성한 것은 전지전능한 컴퓨터도, 아무도 막을 수 없는 무기 체계도, 정치혁명도, 예술 사조도, 혹은 유전자 변형 약물도 아니다. 그것은 다름 아닌 햄버거였다"고 말했다.

미국인을 매혹시켰던 맥도날드의 표준화는 전 세계에 퍼져나갔다. 효율을 최우선으로 하는 맥도날드식 경영은 대주주나 경영진의 자기 혁신보다는 효율성과 고용 유연화를 강조해온 한국에는 복음과 같았다. 문제는 맥도날드화가 단순히 경제·경영에만 적용되지 않고 사회 곳곳에 적용되고 있다는 점이다. 조류독감을 이유로 수백만 마리의 닭과 오리가 살처분되었고 얼마 전까지만 해도 수자원을 보호한다며 녹조 가득한 강물을 흐르지 못하게 했다.

상식을 무시하는 효율 우선은 기업 활동뿐만 아니다. 미래를 보는 눈을 키우는 교육도 비슷하다. 대학 강사인 오찬호는 『진격의 대학교』에서 "대학은 오직 효율성이라는 기치 아래 진격을 거듭"한다며 돈 안 되는 인문·예술 분야 학과를 통폐합하고 기업 입사 요령을 전수하는 강의를 필수 과목으로 지정하고 있다고 지적했다. 오찬호는 이런 대학의 획일화된 커리큘럼으로 공부한 졸업생은 '호모 맥도날드'로 거듭나 사회로 진출해 현재의 시스템을 견고하게 하는 역할을 하게 된다고 비판했다.

페이스북에서도 발견되는
코카콜라의 DNA

그러나 성채처럼 견고하던 코카콜라와 맥도날드도 흔들리고 있다. 언제나 예측 가능한 맛의 햄버거와 나도 모르는 내 갈증을 채워주는 콜라를 먹고 마시는 일은 경계의 대상이 되고 있다. 설탕투성이 콜라와 고칼로리에 나트륨 범벅인 햄버거가 건강에 위협이 된다는 문제는 꾸준히 제기되었다. 이런 변화에 따라 코카콜라는 2013년 영국 컨설팅 업체인 인터브랜드가 선정한 브랜드 가치 1위 자리를 13년 만에 애플에 넘겨주어야 했다. 2014년에는 2위 자리도 페이스북에 내어주었다. 이들이 고전하는 이유는 아주 간단하다. 누가 맥도날드와 코카콜라를 페이스북이나 인스타그램 같은 사회관계망서비스SNS에 올리겠는가? 코카콜라와 맥도날드는 더는 환상을 주는 브랜드가 아니라 '페친'에게 '좋아요'를 받기 어려운 일상이 되어버렸다.

하지만 코카콜라와 맥도날드는 지금도 계속 퍼져나가고 있다. 몇 센트의 저렴한 가격에 환상을 제공해 수익을 창출하는 코카콜라와 표준화를 통해 최대의 이윤을 창출하는 맥도날드는 전 세계를 상대하는 미국 비즈니스의 바이블이다. 친구와 연결되었다는 환상을 주는 대신 콘텐츠와 관련된 알고리즘이나 거기서 발생하는 수익을 가입자가 전혀 알 수 없게 하는 페이스북이나 새로운 모바일 생태계를 제공하고 스마트폰 시장의 이익을 90퍼센트가량을 독점하고 있는 애플에서 코카콜라와 맥도날드의 DNA를 발견할 수 있다. 애플·구글·페이스북 등이 '코카콜라의 상쾌한 맛' 같은 환상을 디지털 자본주의에서 어떻게 구현할지 지켜볼 필요가 있는 이유이기도 하다.

12

식탁을 흔드는
보이지 않는 손, GMO

"지금 우리는 과학의 초기 성공이 가져다준 기분
좋은 술기운이 아니라 다음 날 아침에 찾아온 끔찍
한 두통에 시달리며 살고 있다."

• 올더스 헉슬리

햄버거병은 왜 생겼을까?

2017년 7월, 우리나라에서는 생소한 질병을 둘러싸고 논란이 일어났다. 4세 여자아이가 맥도날드 햄버거를 먹은 뒤 신장 조직이 망가지는 용혈성 요독증후군hemolytic uremic syndrome, HUS이라는 끔찍한 질병에 걸린 뒤 부모가 이 회사에 소송을 걸면서부터다. 미국에서는 1982년 햄버거를 먹은 아이들이 집단 감염되면서 알려졌지만, 이 병이 우리나라 대중에게 본격적으로 알려진 것은 이 사건이 처음이었다.

질병관리본부가 희귀 질환으로 분류한 이 병과 관련된 논란은 크게 두 축이다. 먼저 이것이 왜 '햄버거병'이냐는 것이다. 햄버거가 아이의 질환과 직접적인 연관이 있다고 밝혀지지 않았는데 햄버거라는 특정 음식에 모든 혐의를 두는 것은 지나치다는 주장이다. 문제는 이런 객관성이 아이가 신장 투석에 이른 책임을 사회가 아니라 부모에게 돌리는 근거로 이용되고 있다는 점이다. 이는 이번 사건을 둘러싼 논란의 또 다른 축이다. 햄버거에 대한 피해가 역학적으로 제대로 증명되지 않은 만큼 책임은 햄버거 회사가 아니라 부모에게 있다는 지적이 나온다. 왜 4세 아이에게 햄버거를 먹였냐며 부모를 꾸짖는 이들도 있다.

그러나 4세 아이가 출혈성 대장균으로 인한 HUS에 걸린 이유는 '부분만을 보는 환원주의적'인 시각이 아니라 좀더 종합적인 시각으로 고찰해야 한다. 햄버거병은 그저 단순한 개인이나 가족의 문제가 아니라 우리 식탁이 보이지 않는 손에 의해 흔들릴 수도 있다는 경고로 볼 수 있다.

O157이 일으키는 장출혈성 대장균 감염증은 콜레라·장티푸스·이질처럼 전염 속도가 빨라 즉각적인 방역 대책을 세워야 하는 1군 감염병이다. 이런 위험한 질병을 일으키는 O157은 1982년 미국에서 맥도날드 햄버거를 먹은 아이들이 집단으로 식중독이 걸리기 전까지는 거의 알려지지 않았다. 열이나 산酸에 약한 일반적인 대장균과 달리 인간의 위산에도 살아남는 독한 변종 대장균인 O157은 어떻게 생겨난 것일까?

O157이 식탁을 위협하는 과정을 아는 데는 미생물학보다 경제학적 설명이 요긴하다. 누구나 O157에 감염될 가능성이 생긴 것은 생명을 그저 붉은색 상품쯤으로 여기는 인간의 탐욕

우리가 매일 섭취하는 음식물의 이면에는 GMO가 있다. GMO에서 벗어나기는 생각보다 쉽지 않다.

탓이다. 좀더 싼 가격에 소고기를 얻으려고 인간은 가축을 좁은 곳에 몰아넣고 소가 제대로 소화하지 못하는 GMO(유전자 변형 생명체) 옥수수나 GMO 콩을 먹여왔다.

'알아서 작동해주시는 시장'을 찬미하던 신자유주의 신봉자들의 눈에 가축은 생명체가 아니라 기름 낀 살덩어리였고 곡식은 문명을 이끈 신의 선물이 아니라 유전자 조작 가능한 한해살이풀에 불과했다. 생명 윤리를 고려하지 않고 대박을 낳을 것이라는 신자유주의적 이기심이 GMO에 대한 빗장을 풀었다.

그러나 신자유주의의 방임이 2008년 금융 위기를 가져왔듯이 GMO는 우리 식탁의 상시적인 불안을 가져왔다.

햄버거병의 원인은 인간의 탐욕

햄버거병 원인의 하나인 O157:H7은 시가 독소shiga toxin를 갖고 있는 대표적인 장출혈성 대장균STEC, shiga toxin-producing E. coli이다. 이 독소는 몸 안의 바이러스와 반응해 적혈구를 파괴하고, 파괴된 적혈구가 몸속의 노폐물을 걸러내는 신장의 여과 기능을 망가뜨려 급성신부전에 걸리게 된다. 설사와 고열 등 전형적인 출혈성 대장균 감염 증상을 보이는데, 환자의 80~90퍼센트는 완치되지만 5~15퍼센트 정도는 HUS에 이른다. HUS에 걸리는 환자는 대부분은 5세 이하 아이다.

잠복기도 4~5일로 길어 정확한 역학조사가 쉽지 않아 이 병은 세계 어느 나라에서나 논란이 되어왔다. 우리나라에서도 HUS 발병 환자 가운데 O157에 의한 발병 환자는 지금까지 단 1명으로 보고되었다. O157외에도 O26, O103, O111, O145 등도 원인균으로 파악되고 있다. 이 균들은 주로 소에서 발견되며 양·염소 같은 반추동물과 돼지 등의 내장 기관에 서식한다.

가축은 왜 이런 균에 노출될까? 소는 수백만 년 동안 진화하

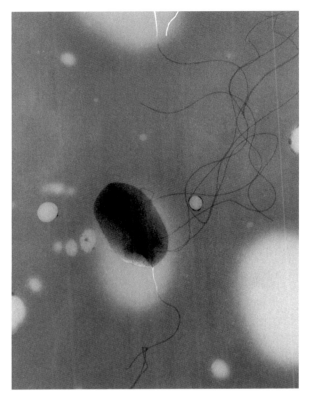

O157은 전염성이 강한 병원성 대장균으로, 2017년 맥도날드 햄버거로 인해 발생한 '햄버거병'의 원인으로 꼽힌다.

며 되새김을 위한 반추위를 갖게 되었다. 삼킨 풀을 다시 식도로 올리는 반추위(혹위+벌집위)에는 풀의 소화를 도와주는 다양한 미생물이 살고 있다. 이 미생물의 효소 반응으로 소는 풀의 셀룰로오스 성분을 소화할 수 있다. 반면 콩이나 옥수수 같은 곡물은 제대로 소화시키지 못한다.

이 때문에 소가 오랫동안 곡물을 먹으면 반추위에 농양이 생긴다. 염증이 생기면서 중성이던 소의 위는 점점 산성으로 바뀌고 O157 같은 변종 균이 생기게 된다. 이런 시가 독소 장출혈성 대장균은 정상적인 소의 대변에서 10~20퍼센트, 많게는 70퍼센트까지 관찰된다. 이 균들은 도축장이나 유통 업소에서 얼마든지 다른 매개체로 옮겨질 수 있다. 또 소의 배설물을 통해 하천이나 호수로 흘러들어 채소 등을 오염시킨다. 심지어 이 물에서 수영하던 사람도 감염시킬 수 있다. 실제 2007년과 2011년 독일에서 발병한 HUS는 각각 스페인산 유기농 오이와 이집트산 새싹 채소 때문인 것으로 추측된다(두 나라는 모두 부인했고 결국 역학적으로 밝혀진 것은 없다).

소에게 옥수수를 본격적으로 먹인 것은 제2차 세계대전 직후부터다. 미국인들은 전쟁 탓에 소고기 대신 먹던 스팸 따위 통조림 말고 진짜 소고기를 열망했다. 미국 정부는 전쟁 뒤 용도가 줄어든 화약의 원재료인 질산암모늄을 대부분 질소비료로 전환했다. 1947년부터 실시된 정부 조처로 비료가 풍부해졌고, 덕분에 옥수수 생산은 크게 늘었다. 본격적인 곡물 사육 소가 시장으로 쏟아져 나왔다.

미국은 옥수수와 대두 등으로 키운 소고기를 전 세계에 수출해왔고 가격 경쟁력을 유지하려면 옥수수 가격을 낮게 형성해야 했다. 정부는 낮은 시장가격 탓에 옥수수를 키우면 손해를 보는 농민들에게 보조금을 주었다. 결국 적자생존이 일어났고 경쟁력이 없는 소규모 농민들은 거대 농업 기업에 밀려났다. 많은 경작지를 확보한 대규모 기업농은 더 싼값으로 옥수수와 대두를 생산하기를 원했다. 농약과 비료를 적게 쓰고도 수확량이 많은 GMO에 대한 욕구가 커지기 시작한 것이다.

유전자 '변형'인가, '조작'인가?

GMOgenetically modified organism는 유전자 변형 생물체 또는 유전자 재조합 생명체라는 뜻이다. GMO를 반대하는 측에서는 '변형'이라는 'modified' 대신 '조작'에 가까운 'manipulated'를 쓰기도 한다. 국제 협약에서는 LMOliving modified organism라는 용어를 사용한다. '유전자'보다 '생명체'를 강조한 용어다.

최초의 유전자 변형 기술은 아그로박테리움법이다. 1983년 토양 미생물의 일종으로 식물에 근두암종을 일으키는 아그로박테리아agrobacterium tumefaciens를 이용해 인위적으로 식물 유전자를 변형시켰다. 세포의 플라스미드plasmid(세균의 세포 내에 염색체와는 별개로 존재하면서 독자적으로 증식할 수 있는 DNA)에 숙주에 넣을 유용한 유전자(구조유전자)를 넣어 유전자 변형을 만들어낸다. 가장 많이 쓰이는 방법이다.

두 번째는 유전자총gene gun 방식이다. 이 방식은 텅스텐 등의 금속 미립자 표면에 변형 유전자를 묻힌 '총알'들을 숙주 종자에 고압으로 밀어 넣는 방식이다. 구조유전자의 삽입 성공 확률이 비교적 낮고, 다른 방법으로 유전물질을 넣기 힘든 경우에 주로 사용된다. 미국 코넬대학과 화학 기업 듀폰 등에서 1986년에 고안했다.

최초로 상업화된 GM 작물은 1994년 나온 무르지 않는 토마토 '플레이버 세이버flavr savr'다. 이를 기점으로 몬산토의 대두와 노바티스의 옥수수 등이 앞다투어 시장에 나왔다. 첫 GM 상품인 플레이버 세이버는 높은 가격과 특색 없는 맛으로 시장에서 성공하지 못했다. 이 토마토를 만든 생명공학 벤처기업 칼진은 1996년 몬산토에 인수되었다.

'GMO의 마이크로소프트'로 불리는 몬산토는 1980년대부터 GM 식품을 개척해온 이 분야 최대 기업이다. 그런데 원래 몬산토는 생명공학이나 종자 회사가 아니었다. 몬산토는 우리에게도 잘 알려진 발암물질인 PCB, DDT, 베트남전에 사용된 고엽제 '에이전트 오렌지' 등 문제적 화학물질을 생산해온 기업이다. 이 때문에 몬산토는 '죽음을 파는 기업'으로 불리기도 했다. 몬산토는 1984년부터 글리포세이트 성분의 자사 제초제 '라운드업roundup(소탕이란 뜻)'을 잘 견디는 GM 식물을 연구했다. 제초제와 종자를 함께 판매해 이익을 극대화하려는 속내였다. 결

GMO로 유명한 몬산토의 또 다른 '히트 상품'은 에이전트 오렌지를 비롯한 고엽제였다.
미군은 랜치 핸드 작전에서 약 1,200만 갤런의 고엽제를 베트남에 뿌렸다.

국 몬산토는 10여 년가량 걸린 연구 끝에 유전자총을 이용해
제초제에 내성이 있는 대두를 만들어냈다.

GMO는 1953년 미국의 제임스 왓슨James Watson과 영국의 프
랜시스 크릭Francis Crick이 해독한 DNA 이중나선 구조에 뿌리를
두고 있다. 분자생물학자들은 유전자를 조작해 자연 상태에는
존재하지 않은 상상 속의 유기체를 만들 수 있다고 생각했다.
1973년 스탠퍼드대학 연구진이 개구리 유전자를 추출해 세균
세포에 이식하는 데 성공하면서 상상이 현실로 이루어졌다. 이

어서 캘리포니아에 컴퓨터 회사만큼 많은 유전공학 벤처기업

이 우후죽순으로 생겨났다.

뒤로 밀린 생명 윤리

1970년대에 GMO에 대한 생명 윤리가 뒷전에 밀린 까닭은 경제적 이유가 컸다. 1950년부터 1973년까지 이어진 세계경제의 '찬란한 황금기'는 1973년 막을 내렸다. 다음 해인 1974년부터 두 차례에 걸친 석유파동으로 세계경제는 스태그플레이션이라는 미증유의 위기에 빠졌다.

1973년까지 미국을 중심으로 한 자본주의 진영의 풍요는 1929년 대공황에 대한 반성에서 시작된, 수요 이론에 입각한 새로운 경제 덕분에 가능했다. 영국 경제학자 존 메이너드 케인스John Maynard Keynes는 정부가 총수요를 조절하면 소비가 늘고 실업이 사라질 것이라고 예측하며 거시 경제의 첫 장을 열었다. 미국을 비롯한 각국 정부는 케인스의 제안대로 시장에 개입했고 복지와 고용을 보장했다. 인플레이션이 있었지만 경제가 지속해서 성장했다. 실제 1913년부터 1950년까지 매년 0.9퍼센트였던 세계 GDP 성장률은 1951년부터 1973년까지 2.93퍼센트로 증가했다.

하지만 케인스의 총수요 이론은 끊임없는 비판을 받았다.

그 선봉은 시카고대학 교수였던 밀턴 프리드먼Milton Friedman이었다. 극단적 자유주의자였던 프리드먼은 케인스와 반대로 총공급을 강조했다. 정부의 인위적 개입이 아니라 세율의 변화나 통화량 조절로 실업과 인플레이션을 조절할 수 있다는 통화주의를 주창했다. 프리드먼은 이런 공로로 1976년 노벨 경제학상을 받았다.

그가 전면에 나설 수 있었던 것은 1971년 리처드 닉슨Richard Nixon 미국 대통령이 달러의 금태환을 중단하겠다고 선언해 케인스가 1944년 설계했던 브레턴우즈 시스템이 무너졌던 탓이다. 이로써 금과 태환이 불가능한 종이 지폐가 지배하게 되었다. 달러를 기축통화로 삼던 고정환율이 변동환율로 바뀌면서 세계 자본시장은 요동치기 시작했다.

이 대목에서 프리드먼은 파생상품으로 환율 변동을 대비할 수 있다고 주장했다. 이에 미국 재무성과 연방준비제도이사회 FRB는 1972년 5월 시카고상품거래소에 외환선물시장을 개설했다. 1936년 이후 완전히 금지된 옵션 등 파생상품이 쏟아지기 시작했다. 1975년 금선물과 담보채권선물이, 1976년에는 미국 국채선물이, 1978년에는 원유선물이 거래되었다. 1982년에는 시카고상업거래소CME의 S&P500지수선물처럼 주가지수를 기초 자산으로 한 선물이 나왔다. 그 결과 1980년 세계 금융자산 가운데 무려 95퍼센트가 자본 이익을 위해 국경을 넘나

들던 투기 자본이었고 무역 결제를 위한 금융거래는 5퍼센트 미만으로 떨어졌다. 1990년 48조 달러였던 세계 금융자산은 2007년 198조 달러로 4배 이상 증가했다. 투기를 위한 투기 자본의 시대가 활짝 열린 셈이다.

2008년 발생한 세계 금융 위기의 주요 원인인 주택담보대출 관련 파생상품도 규제 완화 덕에 1983년부터 등장했다. 미국 금융사들은 1990년 중반 주택저당증권MBS 가운데 신용 등급이 낮은 증권만 모아 부채담보부증권CDO이라는 또 다른 상품을 만들어냈다. 이들은 금융 공학의 힘으로 2차 파생상품인 CDO의 위험률을 0으로 만들어 미국뿐 아니라 전 세계에 판매했다. 사실상 정크 본드에 가까운 CDO는 높은 금리 때문에 날개 돋친 듯이 팔려나갔고 미국 금융사들은 막대한 이익을 챙겼다. 미국 금융사들은 납으로 금을 만든다던 중세 연금술을 월 스트리트에서 부활시킨 셈이었다.

하지만 2006년 경기 침체로 파생상품의 기초 자산이었던 미국의 주택 가격이 떨어지면서 파국을 초래했다. 결국 2008년 9월 관련 채권 영업에 적극적이었던 미국의 4대 투자은행IB 중 하나인 리먼 브라더스가 파산하면서 높은 실업률과 저성장 등 비정상이 정상이 되는 뉴 노멀new normal 시대가 시작되었다.

투기 자본주의 시대의 쌍생아,
파생상품과 GMO

미국뿐 아니라 세계 금융시장이 투기판이 된 계기는 1980년 전후로 규제 완화를 주장하는 학자들의 생각을 정책으로 옮긴 신자유주의 정부 탓이다. 1979년 영국의 마거릿 대처Margaret Thatcher와 1981년 미국의 로널드 레이건Ronald Reagan이 집권하면서 대대적인 규제 완화가 이루어졌다. 프리드먼은 두 지도자의 경제 선생이었다. 영화배우 출신인 레이건이 자신을 경제 대통령이라고 칭한 것도 프리드먼의 코치 덕분이었다. 두 정부는 그의 가르침대로 앞장서서 기업에 대한 규제를 풀었다. 레이건 정부의 규제 완화는 금융에만 국한된 것이 아니었다. 몬산토를 비롯한 GMO 기업들이 유전자 변형 식품을 본격적으로 연구하기 시작한 것도 이 시기였다.

미국은 1937년 술파닐아미드 엘릭시르제elixir sulfanilamide가 들어간 염증 치료제 때문에 100여 명이 사망하는 사건을 계기로 새로운 물질을 함유한 제품은 생산 업체가 사전 실험을 한 뒤 미국식품의약국의 승인을 받도록 했다. 1958년 미국 정부는 식품첨가물법을 개정해 인간이나 동물에게 암을 유발하는 첨가물을 사용하지 못하게 했으며, 1966년 공정포장표시법으로 모든 소비재 제품에 관련 정보를 표시하게 했다. 그런데

GMO는 예외였다.

1992년 부시 정부가 발표한 '신규 식물 종자에서 파생한 식품에 관한 규정' 덕분이다. 이 규정을 제정한 사람들은 유전자 변형으로 만들어진 식품의 단백질·지방·탄수화물 구성이 일반적인 식품과 동일하다면, 전통적인 식물 교배에서 파생된 식품과 같은 범주에서 동일하게 취급해야 한다는 '성분 동일성의 원칙'을 들고 나왔다. 대장균과 인간의 유전자를 무작위로 섞은 유전자 변형 생명체에 동종 간에만 해왔던 고전적 품종개량과 동일한 지위를 부여한 것이다.

왜 레이건과 부시 대통령은 GMO 업체에 특혜에 가까운 혜택을 준 것일까? 1980년대 무역수지 적자와 군비 확장에 따른 재정 적자에 신음하던 미국은 생명공학을 미국의 경쟁력을 확보해줄 중요한 산업으로 보았다. 한편으로는 서방세계가 공산주의에 맞서 승리하려면 지구적인 식량 증산이 필요하다고 판단했다. 수확량 많은 GMO의 녹색혁명으로 적색혁명을 막을 수 있다고 생각했다. 1991년 공산주의의 종주국 소련은 사라졌지만 GM 곡식은 여전히 미국 정부의 중요한 안보 전략 중 하나였다. 테러리스트가 양산되는 중동과 아프리카의 가난한 나라에 식량을 충분히 공급하는 것이 테러 발생 억제에 도움이 된다고 판단한 것이다.

전 세계를 굶주리게 한 GMO

그러나 경제 위기를 타개하겠다고 도입했던 파생상품이 세계 경제를 구하지 못했듯이 GM 곡식은 인류를 배고픔에서 구원하지 못했다. 신자유주의에 입각한 미국의 금융 규제 완화가 1퍼센트의 부자에게 부를 집중시킨 대신 중산층을 붕괴시키고 있듯이, GM 곡식은 배고픔을 해소하기는커녕 농민마저 굶주림에 빠지게 하고 있다. GM 곡식의 40퍼센트 정도는 가축 사료로 쓰인다. 나머지는 액상 과당과 기름 같은 식품공업 재료로 쓰이거나 바이오 에탄올 같은 연료로 사용된다. 농부는 거대 농업 기업이 구매해주는 사료용·가공용 GMO 단일 품목만 생산해야 하고, 정작 자신은 먹을 곡식이 없어 배고픔에 시달리는 일이 생겨날 수밖에 없는 구조다.

게다가 GM 곡식은 특정 종자에 특정 제초제만 칠 수 있다. 예전에는 4~5가지 제초제를 돌려가며 뿌렸기 때문에 잡초가 내성이 생기지 않았지만 GMO는 한 제품만 뿌리기 때문에 내성이 생긴다. 이른바 '슈퍼 잡초'의 탄생이다. 제초제 비용이 그만큼 더 든다는 뜻이다. 거기다 GM 곡식은 매년 특허료를 내고 종자를 구입해야 한다. 브라질·아르헨티나·인도 등 GM 작물을 많이 재배해온 제3세계 농부들도 예외는 아니다. '농부는 굶어 죽어도 종자를 베고 죽는다'는 말이 있을 정도로 농부는 자신이 키운 농작물 씨앗으로 다음 해 농사를 지어왔다. 이런 자가 채종의 전통은 1만 년 전 신석기시대부터 이어온 것이다. 그런데 GMO는 이런 오래된 전통마저 부정한다.

1994년 170만 헥타르를 시작으로 매년 꾸준히 늘던 GMO 생산 면적은 2014년 1억 8,150만 헥타르로 정점을 찍고 2015년 1억 7,970만 헥타르로 1퍼센트가량 감소했다. 『뉴욕타임스』는 이를 소비자의 GMO 외면과 GM 식물의 시장 감소 탓으로 분석했다.

GMO에 대한 감시의 눈길도 만만치 않다. 유럽연합은 가장 엄격한 GMO 표시제를 도입했다. 유럽연합은 식품의 0.9퍼센트까지 비의도적 혼입(농산물의 재배·유통 과정에서 불가피하게 GMO가 혼입될 수 있는 비율)을 인정한다. 2017년 2월부터 GMO 표시제를 도입한 우리나라는 비의도적인 혼입 비율이 3퍼센트며 중국·브라질 등은 1퍼센트다. 'GMO의 고향' 미국은 2016년 관련 법이 통과된 버몬트주를 제외하고는 아예 이런 표시 제도가 없다.

외교적 사안에서 미국과 비슷한 입장을 취해 '유럽에 떠 있는 미국의 항공모함'이라는 비난을 받아온 영국도 GMO는 적극적으로 반대하고 있다. 그 최전선에는 찰스 왕세자가 있다. 그는 2008년 『텔레그래프』와 인터뷰에서 "몬산토를 비롯한 회사들이 자연과 인류 전체를 대상으로 거대한 실험을 하고 있는

데 이는 심각한 잘못이다. GMO 개발에 앞장서는 대기업들에 식량 공급을 의존하면 최악의 재앙을 만날 것이며 이 세상 전체가 파멸하고 말 것이다"라고 말했다.

이런 논쟁 속에서도 2015년 미국식품의약국은 GM 연어의 판매를 승인했다. 이는 최초의 GM 동물 승인이다. 이 연어는 일정 기간 성장하지 않는 연어에 다른 물고기의 유전자를 주입해 생장 속도를 2배 빠르게 만든 것이다. 중국을 비롯한 개발도상국의 경제가 성장하면서 소고기와 생선에 대한 욕구가 늘면서 새로운 GMO 개발은 계속될 전망이다. 이와 함께 GMO가 1년에 7,000만 명씩 인구가 늘고 있는 지구를 구원할 것이라는 업계와 전문가들의 주장도 나온다. 2016년 노벨상 수상자 108명이 그린피스에 서한을 보내 "GMO를 반대하지 마라"고 한 것도 이런 이유에서다.

2016년 세계 최대 GMO 기업인 몬산토가 660억 달러에 독일 바이엘에 인수되었다. 같은 해 2월에는 중국 켐차이나가 세계 2위의 종자 회사인 스위스 신젠타를 430억 달러에 사들였다. 미국 최대 화학 회사인 다우케미칼과 듀폰도 2015년 12월에 합병했다. 『월스트리트저널』은 바이엘과 몬산토의 합병이 GMO에 대한 반대가 분명한 유럽에서 새로운 종자나 농업기술을 도입하는 데 돌파구가 될 것이라고 분석했다. 종자–제초제–연구 개발의 시너지도 기대된다고 덧붙였다.

정교하게 유전자를 편집할 수 있는 유전자 가위 등 GMO 기술이 발달해왔다고 하지만 GMO가 20년 넘게 자연 자본이나 건강권, 공동체 정서 같은 가치와 지속해서 충돌해왔다는 점을 고려하면 거대 농업 기업들의 인수·합병은 또 다른 '프랑켄푸드(프랑켄슈타인+푸드)'에 대한 우려를 키운다. 유전자 지도를 그릴만큼 생명공학이 발전했다고는 하지만 아직 유전자의 기능이 완전히 해명되지 않았고, GMO에 대한 부작용도 꾸준히 보고되고 있다.

GMO의 생산원가가 낮은 것은 몬산토 등 GMO 기업이 오랜 기간 농민과 시민에게 전가해온 외부 비용 덕분이다. 2017년 7월 우리나라에서 4세 아이가 걸린 '햄버거병'도 GMO 외부 비용의 하나다. 그러나 신자유주의자들이 칭송하는 시장에서는 최대 이윤과 효율만 거론될 뿐 이런 외부 비용은 고려되지 않는다. 관리·감독을 맡아야 할 정부 기관과 전문가는 산업계를 대변해왔다는 비판을 듣고 있다.

하나 알아두어야 할 것은 미세 먼지나 방사능처럼 GMO의 잠재된 피해가 현실화될 때는 누구도 예외가 없다는 점이다. 참고로 2014년 우리나라는 GMO 수입은 1,082만 톤으로 일본에 이어 세계 2위였다. 이 중 식용은 228만 톤(29퍼센트)이다. 농업 전문가들은 일본의 GMO는 대부분 사료용이어서 식용 GMO 수입은 우리나라가 세계 1위라고 지적한다. 콩의 99퍼센트는 콩기름으로, 옥수수의 50퍼센트는 액상 과당·전분·물엿 등으로 사용되기 때문에 소비자가 GMO 여부를 알기는 어렵다. GMO 기업을 규제하는 핵심 축인 시민사회가 불안한 먹거리에 대해 '나만 아니면 돼'라는 소시민적인 냉소에서 벗어나야 하는 이유다.

나가며

"백 사람을 먹일 수 없다면 한 사람이라도 먹여라."
• 마더 테레사Mother Teresa

요리와 나의 스토리아

이 책이 나올 때쯤이면 나는 이탈리아에 있을 듯하다. 요리를 배우려고 이탈리아에 갈 예정이기 때문이다. 요리를 배울 수 있는 많은 나라 가운데 이탈리아를 택한 것은 어차피 영어도 못 하는데 이탈리아나 미국이나 고생은 마찬가지라는 대범한 생각을 한 탓도 있지만 이탈리아가 유럽 문명의 뿌리라는 생각에서였다.

요리 유학까지 간다고 하지만 14년 전 맨 처음 한 요리는 소박했다. 첫 도전 메뉴는 콩나물무침과 김치칼국수였다. 물론

298

실패했다. 그러나 그 시도는 중견 언론인을 꿈꾸며 야근과 과음이 일상이던 내 삶을 바꾸어놓았다. 당시 내가 가장 많이 해먹은 메뉴는 파스타였다.

처음에는 조개나 베이컨처럼 평범한 재료를 넣었지만 익숙해진 다음에는 전복·바닷가재·소갈비 등 온갖 재료로 파스타를 만들기 시작했다. 파스타를 만들다 보니 얼마 지나지 않아 어렵게 느껴지던 콩나물무침과 김치칼국수를 뚝딱 만들게 되었다. 요리의 문리文理가 트였던 셈이었다.

요리의 문리만 깨우친 것이 아니었다. 요리는 나에게 인식론적인 즐거움을 주었다. 바질·고수·정향 등 허브와 향신료는 물론 고르곤졸라·파르미자노 레자노 치즈 같은 새로운 세계를 알려주었다. 고량주와 폭탄주 예찬론자였던 내가 어느새 와인 잔을 기울이고 있었다. 거기에 요리는 태생이 실천론이다. 요리를 하면 저절로 맛있는 것을 누군가에게 해주고 싶은 박애주의자로 변신한다. 요리를 하는 순간 나는 어머니의 마음을 갖게 되었다. 이렇게 요리의 매력에 푹 빠져버린 나는 그전의 나와는 완전히 다른 나였다.

생각이 바뀌니 생활이 바뀌었다. 골프도 끊고 폭탄주도 멀리하게 되었다. 음식에 관한 시선을 풍부하게 해주는 도서관과 시장 그리고 여행이라는 3가지가 내 삶의 키워드가 되었다. 그러는 동안 내 책(모두 요리 관련이다)이 나오고 내 이름으로 여행 상품(물론 맛 기행이다)이 등장하는 등 뜻하지 않은 기쁨을 맛보았다. 이 책 역시 머리말에서 밝혔듯이 요리가 준 선물 중 하나다.

그러나 청탁을 수락하면서부터 고난이 시작되었다. 『월간 인물과사상』에 1년여 연재한 뒤 원고를 모아 책을 내자는 제안을 너무 쉽게 생각했다. 기자 생활은 5D로 통한다. 위험하고 힘들고 어렵다는 뜻의 3D에 전망이 어둡고dark 과로로 일찍 죽을 수 있다dead는 2D가 더 붙는다. 그런 일상에서 매달 원고지 50매 분량의 논문 형식의 원고를 마감하는 것은 5D를 현실화하는 일이었다. 2015년 시작해서 연재 중단을 2번이나 거듭했다. 한술 더 떠 잘 다니던 언론사도 그만두었다.

대학 시절부터 가고 싶었고, 입사한 뒤 평생직장으로 여기던 회사를 그만둔 것은 요리 유학도 이유였지만 충분한 시간을 갖고 책을 마감하고 싶다는 욕심도 있었다. 나는 이 책을 쓰면서 요리가 주는 쾌감에 맞먹는 지적 희열을 느꼈다. 책의 주제를 특정한 음식이 특정 시기에 특정 국가의 하부구조와 상부구조에 미친 영향으로 설정한 뒤, 많은 참고 문헌과 논문을 읽고 결론을 끌어내야 했다. 밤이나 주말에 늦은 밤까지 글을 쓰려고 도서관에서 빌려온 책들을 쌓아놓고 읽는 것은 힘이 들었지만 정말 즐거운 경험이었다. 그때 서울 인왕산 밑에 살 때였는데, '세계 최고의 독서가'로 불리는 아르헨티나 소설가 알베르토 망

겔Alberto Manguel의 『밤의 도서관』이 부럽지 않았다.

특히 2017년 회사를 그만두고 내 열등감 중 하나였던 그리스·로마의 철학과 역사를 공부했던 일이 가장 기억에 남는다. 이때 읽었던 책들 덕분에 미국·프랑스·이탈리아 등의 요리 유학 선택지를 받고는 별 고민 없이 이탈리아행을 결심하게 되었다. "세계 최고의 이탈리아 요리는 물론 프랑스·일본 요리의 최고수들은 다 뉴욕에 있는데 굳이 말까지 새로 배워야 하는 이탈리아에 갈 필요가 있느냐"는 유혹을 쉽게 물리칠 수 있었다.

나는 생산양식의 핵심인 곡식을 포함한 '음식'이라는 거인의 어깨에 올라 우리가 일상적으로 접하는 음식이 사회의 구조와 경제의 구조에 어떤 영향을 미치는지 파악해보았다. 이는 기존의 경제사학자나 역사학자들이 시도하지 않았던 접근법이라고 자부한다. 특히 그리스의 민주주의를 보리로, 은행의 탄생을 청어로 풀어간 것은 나만의 접근법이었다.

또 2008년 세계경제 위기의 주요 원인이 된 미국의 주택담보대출 관련 파생상품과 식탁을 위협하는 GM 농산물에 대한 규제 완화가 비슷한 시기였던 1980년대에 이루어졌다는 점도 흥미로웠다. 음식마저도 금융 투기의 대상이고 유전자 조작을 하는 현실에서 인류 역사를 움직여왔던 음식이 곧 본질적인 위기에 직면하는 것은 아닌지 우려를 하게 되었다.

우리가 쓰는 화폐가 실제 액면가의 가치가 아니라 금으로 태환되지 않는 종잇조각인 것처럼 합성 착향료로 가득한 음식은 인류가 수백만 년 동안 먹어온 음식과 다른 음식일 수 있다. 실제로 바나나 맛 음료는 진짜 바나나보다 향기롭고 소고기 맛 MSG는 진짜 소고기 국물보다 진하다. 우리는 허상의 가치로 가득 찬 자본주의 시대에 허상의 음식을 먹고 허상의 이미지를 소비하고 있는지도 모른다. 물론 GM 농산물이 아직은 2008년 미국발 세계경제 위기처럼 삶을 직접적으로 위협하고 있지는 않다. 그러나 음식의 위기는 이상 기온이나 병충해가 아니라 인류의 오만에서 갑자기 툭 튀어나올 수 있다.

독특한 주제였지만 잘 풀리지 않았던 음식도 있었다. 고대 로마인이 빵을 찍어 먹었다는 가룸은 머리를 아프게 했던 음식이다. 국내에는 가룸을 다룬 책도 논문도 없었다. 외국 자료를 뒤져야 했는데 짧은 시간 내에 찾기 어려웠다. 이탈리아에 가면 한풀이를 위해서도 꼭 자료를 찾아볼 작정이다.

후추는 아랍인의 시각에서 풀어보고 싶었지만 관련해 국내에 번역된 아랍 책이 거의 없었다. 심지어 지중해를 오랫동안 지배했던 이슬람 제국의 역사나 경제와 관련된 서적도 많지 않아 놀랐다. '문명의 충돌'이 아니라 '문명의 홀대'였다. 아예 후추를 쓰지 않을까 생각했지만 많은 경제사학자가 자본주의의 시작을 대항해시대로 보고 있어, 결국 남들처럼 유럽 중심으로 후추를 풀어갈 수밖에 없었다.

올해 1월부터 이탈리아어를 배우고 있다. 이탈리아어는 형용사가 남성·여성 명사에 따라 바뀌고 동사가 인칭마다 바뀐다. 일상적으로 쓰는 단어는 대부분 불규칙적이다. 라틴어 계열 언어를 배우는 것은 난생처음이다. 쉰이 넘은 나이라 방금 들어도 돌아서면 잊어버리는 상황에서 솔직히 버겁다.

언어는 그나마 낫다. 뜨거운 불 앞에서 프라이팬을 들고 1년 동안 젊은 청년들과 요리로 경쟁해야 하는 것이 더 걱정이다. 내 저질 체력이 감당할 수 있을지 의문이다. 함께 요리 학교에 입학하는 8명의 동기생 가운데 내가 가장 고령이다. 두 번째 연장자가 38세니 나와 열두 살 차이가 난다. 그저 동기들에게 폐가 되지 않아야겠다고 다짐하고 있다. 갔다 와도 달라질 것 없는 불투명한 미래도 머리가 아프다.

이런저런 걱정이 있지만 그래도 즐겁다. 반백의 나이에 새로운 도전을 할 수 있다는 것만으로 이탈리아행은 성공이라고 생각하기로 했다. 14년 전 파스타로 시작한 나의 요리가 이탈리아 유학으로 풍성한 스토리를 갖게 되는 것만으로도 만족한다. 이탈리아어로 역사를 뜻하는 단어는 스토리아storia다. 이탈리아에서 돌아오면 나는 또 다른 스토리아를 쓸 것 같다.

1. 음식은 어떻게 역사를 움직였나

권홍우, 『부의 역사』(인물과사상사, 2008).
니얼 퍼거슨, 구세희·김정희 옮김, 『시빌라이제이션』(21세기북스, 2011).
데이비드 크리스천·밥 베인, 조지형 옮김, 『빅 히스토리』(해나무, 2013).
장 지글러, 유영미 옮김, 『왜 세계의 절반은 굶주리는가?』(갈라파고스, 2007).
「중금주의」, 『두산백과사전』.
해럴드 맥기, 이희건 옮김, 『음식과 요리』(백년후, 2011).

2. 황제의 곡식, 쌀의 축복과 저주

김병택, 『한국의 쌀 정책』(한울아카데미, 2004).
D. B. Grigg, 『The Agricultural System of the World』(Cambridge University Press, 1978).
사토 요우이치로, 김치영 옮김, 『쌀의 세계사』(좋은책만들기, 2014).
에번 D. G. 프레이저·앤드루 리마스, 유영훈 옮김, 『음식의 제국』(RHK, 2012).
이언 모리스, 최파일 옮김, 『왜 서양이 지배하는가』(글항아리, 2013).
찰스 B. 헤이저 Jr., 장동현 옮김, 『문명의 씨앗, 음식의 역사』(가람기획, 2000).
천규석, 『쌀과 민주주의』(녹색평론사, 2004).
통계청, 『2017년 국제통계연감』(국가통계포털).

3. 밀이 선물한 가난, 자본주의를 낳다

「밀가루」, 『두산백과』.

에릭 라이너트, 김병화 옮김, 『부자나라는 어떻게 부자가 되었고 가난한 나라는 왜 여전히 가난한가』(부키, 2012).

에번 D. G. 프레이저, 유영훈 옮김, 『음식의 제국』(RHK, 2012).

EBS 다큐 프라임 〈동과 서〉, 2008년 4월 21일.

제러미 리프킨, 안진환 옮김, 『한계비용 제로 사회』(민음사, 2014).

「피렌체」, 『위키백과』.

하인리히 E. 야콥, 곽명단 외 옮김, 『빵의 역사』(우물이있는집, 2005).

헤롤드 맥기, 이희건 옮김, 『음식과 요리』(백년후, 2011).

4. 슬픈 옥수수, 자본주의의 검은 피가 되다

강석영, 『라틴아메리카사』(미래엔, 2001).

권은중, 「30년간 우리 식단 '달고 기름지게' 바뀌어」, 『한겨레』, 2015년 9월 11일.

낸시 헤더웨이, 신현승 옮김, 『세계신화사전』(세종서적, 2004).

농림축산식품부 정책 브리핑, 「영양 만점 '간편식 아침밥'을 아시나요?」, 2015년 10월 23일.

농촌경제연구소, 『해외곡물시장 동향』, 제4권 7호(2015).

니얼 퍼거슨, 구세희 · 김정희 옮김, 『시빌라이제이션』(21세기북스, 2011).

마귈론 투생-사마, 이덕환 옮김, 『먹거리의 역사』(까치, 2002).

막스 베버, 박성수 옮김, 『프로테스탄티즘의 윤리와 자본주의 정신』(문예출판사, 2010).

「아즈텍문명」, 『두산백과사전』.

버나드 로 몽고메리, 승영조 옮김, 『전쟁의 역사』(책세상, 2009).

재러드 다이아몬드, 김진준 옮김, 『총, 균, 쇠』(문학사상사, 1998).

제러미 리프킨, 신현승 옮김, 『육식의 종말』(시공사, 2002).

제러미 리프킨, 안진환 옮김, 『한계비용 제로 사회』(민음사, 2014).

조철환, 「지구촌 2년 연속 풍년…한국 물가 영향줄까」, 『한국일보』, 2014년 10월 22일.

KBS 스페셜 〈종자, 세계를 지배하다〉 제작팀, 『종자, 세계를 지배하다』(시대의창, 2014).

KBS, 〈옥수수 전쟁〉, 2008년 11월 16일.

키어런 앨런, 박인용 옮김, 『막스 베버의 오만과 편견』(삼인, 2010).

페르낭 브로델, 주경철 옮김, 『물질문명과 자본주의』(까치, 2015).

5. 그리스 보리밭에서 자라난 민주주의

「그리스어」, 『위키백과』.

노명환 외, 『서양 사람들은 어떻게 살았을까』(푸른역사, 2012).

버트런드 러셀, 서상복 옮김, 『러셀 서양철학사』(을유문화사, 2009).

슈테판 레베니히, 최철 옮김, 『누구나 알아야 할 서양 고대 101가지 이야기』(플래닛미디어,

2006).

시오노 나나미, 이경덕 옮김, 『그리스인 이야기 1』(살림, 2017).

심동준, 「취준생 83퍼센트 "하루 한 끼 이상 굶어요"…한 끼 평균 4,906원」, 『뉴시스』, 2017년 6월 8일.

아이작 아시모프, 김대웅 옮김, 『상식과 교양으로 읽는 영어 이야기』(웅진지식하우스, 2011).

안광복, 『철학, 역사를 만나다』(어크로스, 2017).

윌리엄 번스타인, 김현구 옮김, 『부의 탄생』(시아출판사, 2005).

주디스 코핀·로버트 스테이시, 박상익 옮김, 『새로운 서양 문명의 역사』(소나무, 2014).

하인리히 E. 야콥, 곽명단 외 옮김, 『빵의 역사』(우물이있는집, 2005).

해럴드 맥기, 이희건 옮김, 『음식과 요리』(백년후, 2011).

6. 멸치젓, 로마제국의 젓줄이 되다

「가룸」, 『두산백과』.

김경현, 「로마제국의 흥망」, 『서양고대사연구』33(2012).

노명환 외, 『서양 사람들은 어떻게 살았을까』(푸른역사, 2012).

로버트 냅, 김민수 옮김, 『99%의 로마인은 어떻게 살았을까』(이론과실천, 2012).

「ketchup」, 『Wikipedia』.

7. 맥주, 중세의 갈증을 해소하다

고가영, 「세계 주류 시장동향 및 소비현황 분석」, 『보건산업브리프』187(2015).

글렌 허버드·팀 케인, 김태훈 옮김, 『강대국의 경제학』(민음사, 2014).

「마르틴 루터」, 『두산백과』.

린 화이트 주니어, 강일휴 옮김, 『중세의 기술과 사회 변화』(지식의풍경, 2005).

「Sekhmet」, 『Wikipidia』

알렉산드로 지로도, 송기형 옮김, 『철이 금보다 비쌌을 때』(까치, 2016).

에번 D. G. 프레이저·앤드루 리마스, 유영훈 옮김, 『음식의 제국』(RHK, 2012).

『One Hundred Years of Brewing』(H. S. Rich & Co., 1903).

윌리엄 번스타인, 김현구 옮김, 『부의 탄생』(시아출판사, 2005).

이경재, 『중세는 정말 암흑기였나』(살림, 2003).

제러미 리프킨, 안진환 옮김, 『한계비용 제로 사회』(민음사, 2013).

질리언 라일리, 박성은 옮김, 『미식의 역사』(푸른지식, 2016).

클라우디아 메르틀, 배진아 옮김, 『누구나 알아야 할 서양 중세 101가지 이야기』(플래닛미디어, 2006).

패트릭 E. 맥거번, 김형근 옮김, 『술의 세계사』(글항아리, 2016).

참고문헌

하인리히 E. 야콥, 곽명단 외 옮김, 『빵의 역사』(우물이있는집, 2005).

8. 북해에 울려 퍼진 푸른 죽비 소리, 청어

구형건·송수영, 『역사적 관점에서 본 이탈리아 도시국가, 베네치아, 제노바, 피렌제의 금융:
　　　창조적 파괴 혹은 파괴적 창조』(한국금융공학회, 2012).
글렌 허버드·팀 케인, 김태훈 옮김, 『강대국의 경제학』(민음사, 2014).
김숙자, 『모험상인의 길』(대구사학, 2010).
김동섭 외, 『중앙은행 초기 발달과정에서 지급결제의 역할』(한국은행 금융결제국, 2017).
남종국, 「스크로베니 가문과 이자 대부에 대한 인식」, 『서양중세사연구』40, 2017년, 79~117쪽.
「수르스트뢰밍」, 『위키백과』.
윌리엄 번스타인, 김현구 옮김, 『부의 탄생』(시아출판사, 2005).
조홍식, 「자본주의의 기원과 유럽의 도시국가: 제도 정치경제 문화요소의 비판적 고찰」, 『통
　　　합유럽연구』16, 2018년, 1~29쪽.
차현진, 『금융오딧세이』(인물과사상사, 2013).
「청어」, 『두산백과』.
해양한국 편집부, 『청어의 행방과 유럽 권력의 향방』(해양한국, 2000).
홍익희, 『유대인 경제사』(한스미디어, 2017).

9. 인류사의 비터 앤드 스위트, 설탕과 후추

권홍우, 『부의 역사』(인물과사상사, 2008).
김정명, 「유럽의 르네상스를 일으킨 이슬람 철학」, 『철학과현실』89, 2011년, 34~44쪽.
버나드 로 몽고메리, 승영조 옮김, 『전쟁의 역사』(책세상, 2009).
「범선」, 『위키백과』
시드니 민츠, 김문호 옮김 『설탕과 권력』(지호, 1998).
에릭 라이너트, 김병화 옮김, 『부자나라는 어떻게 부자가 되었고 가난한 나라는 왜 여전히 가
　　　난한가』(부키, 2012).
이강혁, 『스페인 역사 다이제스트 100』(가람기획, 2012).
이병철, 『세계 탐험사 100장면』(가람기획, 2002).
자크 앙크닐, 최내경 옮김, 『목화의 역사』(가람기획, 2007).
잭 터너, 정서진 옮김, 『스파이스』(따비, 2012).
제러미 리프킨, 안진환 옮김, 『한계비용 제로 사회』(민음사, 2014).

10. 소고기의 붉은 살에서 튀어나온 현대자본주의

강준만, 『미국사 산책』(인물과사상사, 2010).
권홍우, 『부의 역사』(인물과사상사, 2008).
글렌 허버드·팀 케인, 김태훈 옮김, 『강대국의 경제학』(민음사, 2014).
루스 슈워츠 코완, 김명진 옮김, 『미국 기술의 사회사』(궁리, 2012).
사카키바라 에이스케, 유주현 옮김, 『식탁 밑의 경제학』(이콘, 2007).
왕지아펑 외, 양성희·김인지 옮김, 『대국굴기』(크레듀, 2007).
이용상 외, 『유럽 철도의 역사와 발전』(BG북갤러리, 2009).
제러미 리프킨, 신현승 옮김, 『육식의 종말』(시공사, 2002).
존 로빈슨, 안의정 옮김, 『존 로빈스의 음식혁명』(시공사, 2011).

11. 하얀 웨딩드레스, 검은 코카콜라를 꿈꾸다

강준만, 『미국사 산책』(인물과사상사, 2010).
강준만, 『미국은 세계를 어떻게 훔쳤는가』(인물과사상사, 2013).
강준만, 『자동차와 민주주의』(인물과사상사, 2012).
권홍우, 『부의 역사』(인물과사상사, 2008).
글렌 허버드 · 팀 케인, 김태훈 옮김, 『강대국의 경제학』(민음사, 2014).
김난도, 『사치의 나라 럭셔리 코리아』(미래의창, 2007).
김덕호, 『욕망의 코카콜라』(지호, 2014).
로저 하이필드, 이창희 옮김, 『예수도 몰랐던 크리스마스의 과학』(해냄, 2000).
빌 브라이슨, 오성환 옮김, 『여름, 1927, 미국』(까치, 2014).
빌 브라이슨, 정경옥 옮김, 『발칙한 영어 산책』(살림, 2009).
오찬호, 『진격의 대학교』(문학동네, 2015).
올리버 스톤 · 피터 커즈닉, 이광일 옮김, 『아무도 말하지 않는 미국 현대사』(들녘, 2015).
윤성원, 『보석, 세상을 유혹하다』(시그마북스, 2015).
조지 리처, 김종덕 · 김보영 · 허남혁 옮김, 『맥도날드 그리고 맥도날드화』(풀빛, 2017).

12. 식탁을 흔드는 보이지 않는 손, GMO

권오상, 『파생금융 사용설명서』(부키, 2013).
김준환, 『은행은 군대보다 무서운 무기다』(두리미디어, 2008).
김훈기, 『생명공학 소비시대 알 권리 선택할 권리』(동아시아, 2013).
대니얼 T. 맥스, 강병철 옮김, 『살인단백질 이야기』(김영사, 2008).
마리-모니크 로뱅, 이선혜 옮김, 『몬산토』(이레, 2009).

마이클 폴란, 조윤정 옮김, 『잡식동물 분투기』(다른세상, 2010).

Min Ji Kim et al., 「Identification of Shiga Toxin-producing E. coli Isolated from Diarrhea Patients and Cattle in Gwangju Area, Korea」, 『Journal of Bacteriology and Virology』39(2009), pp.29~39.

식품안전정보 홈페이지(foodsafetykorea.go.kr), GMO 정보.

에드워드 챈슬러, 강남규 옮김, 『금융투기의 역사』(국일증권경제연구소, 2001).

원용찬, 『빵을 위한 경제학』(인물과사상사, 2016).

전상봉, 『자본주의, 미국의 역사』(시대의창, 2012).

질병관리본부 홈페이지(cdc.go.kr), 희귀 질환 정보.

최성진, 「식용 GMO 수입 세계 1위⋯GMO 표기 가공식품은 '0'」, 『한겨레』, 2011년 1월 11일.

Patrick K. Wood et al., 「Comparison of DNA Probes and the Sereny Test for Identification of Invasive Shigella and Escherichia coli Strains」, 『Journal of Clinical Microbiology』24(1986), pp.498~500.

폴 크레이그 로버츠, 남호경 옮김, 『제1세계 중산층의 몰락』(초록비책공방, 2016).

「플라스미드」, 『두산백과』.

피터 노왁, 이은진 옮김, 『섹스, 폭탄 그리고 햄버거』(문학동네, 2012).

음식
경제사

ⓒ 권은중, 2019

초판 1쇄 2019년 9월 25일 펴냄
초판 3쇄 2021년 3월 16일 펴냄

지은이 | 권은중
펴낸이 | 강준우
기획·편집 | 박상문
디자인 | 최진영
마케팅 | 이태준
관리 | 최수향
인쇄·제본 | (주)삼신문화

펴낸곳 | 인물과사상사
출판등록 | 제17-204호 1998년 3월 11일

주소 | (04037) 서울시 마포구 양화로7길 6-16 서교제일빌딩 3층
전화 | 02-325-6364
팩스 | 02-474-1413

www.inmul.co.kr | insa@inmul.co.kr

ISBN 978-89-5906-541-7 03900

값 15,000원

이 도서의 국립중앙도서관 출판예정도서목록(CIP)은 서지정보유통지원시스템 홈페이지
(http://seoji.nl.go.kr)와 국가자료공동목록시스템(http://www.nl.go.kr/kolisnet)에서
이용하실 수 있습니다. (CIP제어번호: CIP2019035531)